# Comunidades Transformadas con ORACIÓN

## HÉCTOR TORRES

**BETANIA**

*Un Sello de Editorial Caribe*

BETANIA es un sello de Editorial Caribe,
una división de Thomas Nelson, Inc.

© **1999 Editorial Caribe**
Nashville, TN – Miami, FL
*E-Mail:* editorial@editorialcaribe.com
www.editorialcaribe.com

ISBN: 0-88113-543-7

Impreso en EE.UU.
Printed in U.S.A.

# Contenido

# Agradecimientos

Doy gracias al Señor por el aporte de los líderes latinoamericanos que con sus experiencias han contribuido a que este libro fuera posible. Guillermo González, en Panamá; Luis Fernando Orihuela, en Bolivia; Randy y Marcie MacMillan, en Colombia; Aníbal Burgos, en Corpus Christi, Texas; Boanerges «Neyo» Pin, en Ecuador; Luciano Padilla, en Nueva York; René Padilla, en Honduras, y muchos otros más en toda Hispanoamérica, Estados Unidos y Canadá. Estos hermanos nos abrieron las puertas de sus ciudades y naciones y nos permitieron compartir el mensaje que Dios nos ha dado para estos últimos tiempos. A través de los años, juntos hemos logrado impartirle al liderazgo local una visión de unidad, oración y evangelismo que ha traído maravillosos resultados.

Asimismo agradezco al doctor C. Peter Wagner y a George Otis Jr. por su apoyo y enseñanzas. Ellos han sido los maestros que han marcado los pasos de la marcha de la Iglesia para esta década.

Dios está derramando una fresca unción de su Espíritu sobre el continente sus resultados comienzan a verse en la transformación de comunidades anteriormente entregadas al pecado y la idolatría y que ahora disfrutan de un despertar espiritual sin precedentes. Agradezco también a mi esposa Myriam por su amor y paciencia durante todo el tiempo que Dios me ha llamado a viajar para la obra del ministerio. Igualmente a mi junta directiva y a los hermanos y hermanas que con sacrificio aportan sus ofrendas mensuales para permitirnos ser obedientes al llamado del Señor.

# Dedicatoria

Dedico el presente libro a los tres hombres que han influido en mi vida personal. En primer lugar a mi hermano Gabriel quien me llevó a los caminos del Señor. A mi padre, que en sus últimos días ha conocido los caminos del Señor y crece cada vez más en su comunión con Cristo, y a mi nieto Andrew Steven Lent Torres, quien es el más reciente regalo de Dios para mi esposa y para mí. Asimismo dedico este libro a los hombres que han sido usados por Dios para guiarme por los caminos del Señor. En primer término al pastor Jack Hayford, de la iglesia En el Camino de Van Nuys, de California, en donde mi esposa y yo dimos los primeros pasos del cristianismo. Al profeta doctor Bill Hammon, quien nos reveló el propósito de Dios para nuestras vidas. Al doctor Alberto Mottesi, con quien conocí las llaves del ministerio en Latinoamérica. Y a mis mentores y maestros, a los cuales debo la profundidad del conocimiento de la Palabra de Dios, los doctores C. Peter Wagner y Gary Kinneman. Todos ellos han dejado una marca indeleble en mi vida. Finalmente dedico este libro a la persona más importante en mi vida, al Señor Jesucristo, mi Salvador, mi Sanador, mi Redentor, mi Proveedor y mi Protector. Él es la razón de mi existir. ¡Gracias Señor Jesús!

# Prólogo

Los que han estado vigilando de cerca los trascendentales aconteci-
mientos del mundo eclesiástico han sido testigos de un interesantísi-
mo progreso en los últimos años. Estamos viviendo la década de la
más intensa práctica de oración enfocada y guerra espiritual que
registra la historia de la Iglesia. Nunca antes habíamos poseído colectivamente tan variada biblioteca de apoyo además de una lista tan larga
de dotados y experimentados maestros y practicantes del tema.

El primer paso nos llevó al paradigma de reconocer que la
oración de veras puede transformar grupos enteros de personas y
predisponerlas a escuchar y aceptar el evangelio de Cristo. Aprendi-
mos a orar no solo por individuos, familias e iglesias, sino por naciones
enteras. Comenzamos a percatarnos de la existencia de espíritus
territoriales a quienes Satanás comisionó para enceguecer la mente
de las multitudes al evangelio, y de que la Biblia nos instruye sobre
cómo pelear un tipo de guerra espiritual que puede anular esos
satánicos propósitos. El conocimiento de cartografía espiritual nos ha
permitido enfocar nuestras oraciones estratégicas con mayor precisión. Por medio del arrepentimiento identificativo comenzamos a
entender cómo las fortalezas tenebrosas que han causado profundas
heridas sociales pueden eliminarse y dejar de ser un obstáculo para el
evangelio.

Héctor Torres ha sido uno de los principales instrumentos de
Dios para introducir estos conceptos al mundo de habla castellana.
Sus libros sobre oración, guerra espiritual y liderazgo están en las
bibliotecas pastorales desde Tijuana hasta la Tierra del Fuego. Casi
todos los meses lo vemos cruzar las naciones de América Latina con
el propósito de entrenar al Cuerpo de Cristo para una guerra sin

cuartel a favor del Reino de Dios. A través del ministerio de Torres, y los esfuerzos de otros como él, hemos dado pasos de gigantes.

Pero la tarea lejos está de llegar a su final. Dios nos está llevando de fortaleza en fortaleza. Las naciones son y serán el blanco estratégico de nuestras oración y evangelización. Podría decir lo mismo de grupos de personas y grupos religiosos. Pero en los últimos años, Dios ha estado colocando las ciudades de nuestras naciones y del mundo como la prioridad en nuestras agendas. El libro de John Dawson, *La reconquista de tu ciudad*, fue uno de los primeros retos, y de ciudad en ciudad se han ido organizado esfuerzos para hacer exactamente eso. A muchos les ha ido bien.

Sin embargo, recientemente nos hemos dado cuenta de que no basta «reconquistar» la ciudad. Hemos estado fijando como metas el crecimiento de la iglesia, la unidad entre los pastores, la anulación de centros de pecado, la elección de funcionarios cívicos cristianos y otras cosas similares. Esto es bueno, pero Dios ahora parece estar diciéndonos que debemos ir más allá hacia la transformación social o redención de toda la comunidad.

Una vez más, Héctor Torres está ayudando a señalar el camino de nuevos desafíos. En su libro, *Transformemos nuestras comunidades con oración*, explica detalladamente que los diferentes instrumentos que para el desarrollo espiritual Dios nos ha estado dando en los últimos años podrían estar basados en la visión de que el cielo viene a la tierra, con lo que se cumpliría lo que Jesucristo nos enseñó a pedirle al Padre: «Hágase tu voluntad en la tierra, así como se hace en el cielo».

Pero eso no es todo. A través de sus frecuentes viajes, Héctor ha visto con sus propios ojos que esto puede ser una realidad, y conoce personalmente a los principales siervos de Dios que han sido instrumentos para esto se produzca en muchos lugares. Este libro es diferente de los demás en que tiene capítulos con información de primera mano sobre la transformación de ciudades en un grado u otro. Rara vez encontrará usted una combinación tan estimulante de teorías profundamente razonadas verificadas con ejemplos prácticos.

Todo esto hace de este un libro que puede leer e inmediatamente comenzar a aplicarlo en su propia ciudad. ¡No solo disfrutará el libro, sino que se regocijará con los buenos resultados que verá al ponerlo en práctica!

C. Peter Wagner
*World Prayer Center of Colorado Springs*

# Introducción

Héctor Torres quizás sea la máxima autoridad de América Latina en cuanto a transformación de la comunidad, y da gusto ver que por fin lo pone por escrito. He tenido el gran honor de ministrar con Héctor en dos de las posiciones espirituales más dramáticas: Cali, Colombia, y Almolonga, Guatemala. Le he visto actuar con gran autoridad, lo cual es fruto de la humildad y la perseverancia en oración.

Al estudiar cartografía espiritual y transformación de comunidades a través de los años, Héctor ha sido uno de mis mejores estudiantes... y uno de mis mejores maestros. Este libro es su último «cursillo», una cautivante mezcla de tremendo testimonio y persuasiva enseñanza. Aunque presenta muchísimas cosas novedosas para pensar, no es un tratado académico. Más bien es el fruto de años de investigación en el terreno, oración e interacción. Héctor sabe lo que dice, y tiene algo verdaderamente importante que decir.

George Otis
*Presidente, The Sentinel Group*

# Primera parte

## *El impacto de las tinieblas*

# Capítulo 1

# Días de luz y de tinieblas

*Miré, y he aquí una nube blanca; y sobre la nube uno sentado*
*semejante al Hijo del Hombre, que tenía en la cabeza una corona de*
*oro, y en la mano una hoz aguda. Y del templo salió otro ángel,*
*clamando a gran voz al que estaba sentado sobre la nube: Mete tu hoz,*
*y siega; porque la hora de segar ha llegado, pues la mies de la tierra está*
*madura. Y el que estaba sentado sobre la nube metió su hoz en la tierra,*
*y la tierra fue segada.*

Apocalipsis 14.14-16

El libro del Apocalipsis nos muestra cómo Dios hablándole a las siete
iglesias de Asia Menor, concluye su mensaje, diciendo: «El que tiene
oído, oiga lo que el Espíritu dice a las iglesias» (Apocalipsis 3.22).
¿Qué está diciéndole el Espíritu a las iglesias hoy? ¿Cuál es el
propósito de Dios para esta generación presente, y cuál será el de la
generación que viene?

Los tiempos en que vivimos son cruciales tanto para el avance
del reino de la luz, como para el avance del reino de las tinieblas. Una
de las cosas más significativas que está diciendo el Espíritu es:
Despierta, levántate, prepara a una nueva generación para la batalla,
porque la mies de la tierra está madura y la hora de segar ha llegado.

*Por lo cual alegraos, cielos, y los que moráis en ellos. ¡Ay de los moradores de la tierra y del mar! porque el diablo ha descendido a vosotros con gran ira, sabiendo que tiene poco tiempo.*

Apocalipsis 12.12

*Entonces el dragón se llenó de ira contra la mujer; y se fue a hacer guerra contra el resto de la descendencia de ella, los que guardan los mandamientos de Dios y tienen el testimonio de Jesucristo.*

Apocalipsis 12.17

La batalla es un conflicto espiritual por las almas de los perdidos, los heridos y los afligidos.

El reino de las tinieblas está avanzando a paso acelerado y alarmante.

El apóstol Pablo refiriéndose a la conducta y el carácter de los hombres en los últimos días, dice:

*También debes saber esto: que en los postreros días vendrán tiempos peligrosos.*

2 Timoteo 3.1

La Biblia Plenitud[1] anota en su apéndice Riqueza Literaria la palabra «peligrosos», del griego *chalepos*, que significa «ásperos, salvajes, difíciles, dolorosos, dañinos, duros de tratar». La palabra describe a una sociedad desprovista de virtud y que abunda en vicios.

El profeta Joel, refiriéndose a los últimos días, llama a la Iglesia a dar la alarma de la guerra contra las tinieblas y la oscuridad.

*Tocad trompeta en Sion, y dad alarma en mi santo monte; tiemblen todos los moradores de la tierra, porque viene el día de Jehová, porque está cercano.*

---

1. Editorial Caribe, 1994, p.1606

*Día de tinieblas y de oscuridad...*

Joel 2.1-2

El profeta Sofonías los llama días de angustia y de aprieto.

*Cercano está el día grande de Jehová, cercano y muy próximo; es amarga la voz del día de Jehová; gritará allí el valiente. Día de ira aquel día, día de angustia y de aprieto, día de alboroto y de asolamiento, día de tiniebla y de oscuridad, día de nublado y de entenebrecimiento, día de trompeta y de algazara sobre las ciudades fortificadas, y sobre las altas torres.*

Sofonías 1.14-16

Día de tiniebla y oscuridad se refiere al desenfrenado ataque del reino de las tinieblas contra la humanidad, la naturaleza y, particularmente, contra la Iglesia. Jesucristo dijo: «Yo soy la luz del mundo; el que me sigue, no andará en tinieblas» (Juan 8.12).

Jesucristo se refirió al pecado del hombre como obras de tinieblas: «Y esta es la condenación: que la luz vino al mundo, y los hombres amaron más las tinieblas que la luz, porque sus obras eran malas» (Juan 3.19).

El apóstol Pablo nos exhorta a no ser partícipes de las obras de tinieblas, sino a exponerlas. Efesios 5.11 dice: «Y no participéis en las obras infructuosas de las tinieblas, sino más bien reprendedlas». Asimismo en Filipenses 2.15 se refiere a esta generación como maligna y perversa. Y en Efesios 6.12 Pablo nos dice que estamos militando contra las huestes de tinieblas de este siglo.

Al declarar su llamado al ministerio, el apóstol explica que Dios lo separó:

*...para que abras sus ojos, para que se conviertan de las tinieblas a la luz, y de la potestad de Satanás a Dios; para que reciban, por la fe que es en mí, perdón de pecados y herencia entre los santificados.*

Hechos 26.18

El autor Jim Nelson en su libro *Cuando las naciones perecen*, identifica diez señales de aviso de una cultura o nación en crisis:

### Decadencia en el área social

1. Corrupción y desobediencia de la ley.
2. Falta de disciplina económica (inestabilidad económica).
3. Aumento de la burocracia.

### Decadencia en el área cultural

4. Decadencia en la educación.
5. Desmoronamiento de los valores culturales, *i.e.* la desintegración familiar.
6. La pérdida del respeto a los valores humanos.
7. El crecimiento del consumismo o materialismo.

### Decadencia en el área moral

8. El aumento de la inmoralidad (incesto, adulterio, fornicación, prostitución, homosexualismo, lesbianismo, brutalidad, etc.).
9. Rechazo a los conceptos bíblicos.
10. La poca valoración del ser humano (deshumanización), esto es abortos, homicidios, suicidios, violencia, etc.

¿Qué es lo que lleva a una nación a estos extremos en lo político, social, económico y espiritual? El avance de las tinieblas y la ausencia de una luz espiritual.

En medio de estos tiempos difíciles y peligrosos la Iglesia del Señor Jesucristo se encuentra militando contra las fuerzas de las tinieblas, manifestando la luz del evangelio y prevaleciendo sobre las fuerzas del mal. En el pasado hemos conocido a la Iglesia como un pueblo, una nación y una familia. En la década de los años noventa,

Dios está levantando a un ejército para llevar a cabo la batalla de la Gran Comisión y destruir las obras del maligno, poniendo finalmente al enemigo bajo sus pies y preparando el regreso de nuestro Salvador. Hace algunos años le regalaron a mi esposa un libro titulado *La novia en botas de combate*. ¡Qué distorsión de la verdadera Iglesia! Seremos «la novia en las bodas del cordero», después del advenimiento de nuestro Salvador. En el presente somos un ejército llamado a ser un varon perfecto, a la medida de la estatura y de la plenitud de Cristo. La década de los noventa es vista por muchos líderes cristianos como la más significativa de la que se tiene memoria, y tal vez toda la historia del cristianismo. Nunca antes ha sido visto el poder de Dios en oración, intercesión, guerra espiritual, milagros, señales, prodigios, salvación de las almas y multiplicación de iglesias, de forma tan extraordinaria como hoy en día. Por primera vez en la historia es posible completar el mandato de la Gran Comisión. La Iglesia tiene hoy los recursos humanos, económicos, tecnológicos y espirituales para lograrlo. Habacuc 1.5 dice: «Mirad entre las naciones, y ved, y asombraos; porque haré una obra en vuestros días, que aun cuando se os contare, no la creeréis».

Habacuc 2.14 dice: «Porque la tierra será llena del conocimiento de la gloria de Jehová, como las aguas cubren el mar». Hispanoamérica está disfrutando de una visitación de Dios sin precedente. Es el *Kairos* (tiempo de visitación) de Dios para nuestro pueblo. En el año 1900 habían unos 50 mil evangélicos en todo el continente. En 1990 el número era de 40 millones. Seis años más tarde se estimó una población evangélica de más de 90 millones. Según los sociólogos, si este prodigioso crecimiento continúa su desenfrenado paso, para el año 2000 seremos un continente «protestante». Yo diría un continente evangélico y cristiano. El prodigioso crecimiento no está basado en «protestar», sino en «proclamar» las buenas nuevas del evangelio. Las razones primordiales de este despertar espiritual son:

1. La unidad bíblica del Cuerpo de Cristo, particularmente la cooperación entre el liderazgo pastoral para llevar a cabo el mandato

de la Gran Comisión. Pablo Deiros en su maravilloso libro *La acción del Espíritu Santo en la historia*, escribe que Iraneo, obispo de León, uno de los más grandes teólogos del siglo II, en su histórica obra llamada *Contra herejías*, dice: «Aquellos que provocan divisiones están destituidos del amor de Dios, y que procuran su propia ventaja personal antes que la unidad de la Iglesia; y quienes por razones insignificantes, o cualquier tipo de razón que se les ocurra, cortan en pedazos y dividen el grande y glorioso Cuerpo de Cristo, y hasta donde les es posible, lo destruyen». Ha llegado la hora de abandonar nuestra independencia y abrazar nuestra interdependencia. El cristianismo primitivo tuvo que confrontar la oposición política y religiosa externa del judaísmo y el paganismo. Hoy en día no solamente enfrentamos la misma oposición, sino que también tenemos que militar contra la oposición que se levanta como un cáncer por nuestras diferencias teológicas. Basta decir: ¡Hermanos, lo que nos une es mucho más importante y poderoso que lo que nos divide!

2. El movimiento de intercesión y oración por ciudades y naciones. Un nuevo llamamiento a la oración corporativa (relativa al Cuerpo de Cristo).

En la oración todo empieza y termina en el ámbito espiritual. La victoria de la cruz se ganó por las oraciones en Getsemaní. Vivimos en una era de maldad y sin el poder de la oración nos es imposible quebrantar el poder de las tinieblas.

La oración corporativa rompe los muros que dividen la Iglesia; transciende líneas denominacionales y derriba fortalezas territoriales, dando apertura al evangelio. Es hora de levantarnos, como ejército unido, a clamar por nuestras ciudades y naciones para Cristo.

El conflicto está creciendo. El reino de las tinieblas se ha lanzado al ataque y el reino de la luz está resistiendo y contraatacando. Y en muchos lugares de la tierra está ganando. ¡Gloria a Dios!

Durante mis viajes alrededor del mundo he podido observar y participar en este conflicto espiritual. Me impresiona observar cómo tantos cristianos están respondiendo al llamado al sacrificio. Muchos

están respondiendo dando sus vidas, su tiempo, sus recursos económicos y sus oraciones intercesoras en favor de la cosecha de la mies
y del cumplimiento de la Gran Comisión.

Al mismo tiempo, Dios está levantando una nueva generación
de hombres y mujeres para la hora en que vivimos. Estos hombres y
mujeres de Dios están siendo lanzados al frente de la batalla para
comandar y liderar al ejército de Dios en la más grandiosa ofensiva
contra las huestes del mal.

Ante nuestra vista está hoy una inmensa multitud de seres
humanos encerrados en las tinieblas y prisiones infernales de las
drogas, el alcohol, la depravación sexual, la violencia, el ocultismo y
el engaño religioso. Los soldados del ejército de Dios, su Iglesia,
somos los únicos que tenemos el poder, la autoridad, las armas y las
llaves para abrir las puertas del hades y rescatar a los que claman por
ser rescatados. Nuestro adversario conoce quiénes son los soldados
verdaderos que pueden hacerle la guerra y derrotarlo para despojarlo
de su botín de almas. A estos el diablo les teme.

1 Pedro 2.9 (versión Phillips) dice: «Vosotros sois una generación escogida por Dios, un pueblo separado para poseer Y proclamar
el maravilloso poder de Dios con el fin de rescatar a los prisioneros y
víctimas del Reino de las Tinieblas y trasladarlos al Reino de la Luz».
Dios está buscando hombres y mujeres que sientan un apasionado
fuego dentro de su ser por la proclamación del evangelio a los
moradores de la tierra, a toda nación, tribu, lengua y pueblo. Jóvenes
como Jeremías que clamen apasionadamente:

> *¡Mis entrañas, mis entrañas! Me duelen las fibras de mi corazón; mi*
> *corazón se agita dentro de mí; no callaré; porque sonido de trompeta has*
> *oído, oh alma mía, pregón de guerra.*
>
> Jeremías 4.19

Nuestro amor, fuerzas, tiempo, dinero, posesiones materiales,
nuestras propias familias y aun nuestras vidas, deben estar a la

disposición incondicional del Señor. Todo esto implica el negarnos a nosotros mismos. Como soldados estamos llamados a obedecer las órdenes de nuestro comandante Jehová de los ejércitos.

En Jeremías 51.20 el Señor declara que nosotros somos armas de guerra para quebrantar naciones (*ethnos*), y por medio de nosotros destruir reinos enemigos del pueblo de Dios.

# La guerra espiritual
# y la Gran Comisión

*Vosotros sois de vuestro padre el diablo, y los deseos de vuestro padre queréis hacer. Él ha sido homicida desde el principio, y no ha permanecido en la verdad, porque no hay verdad en él. Cuando habla mentira, de suyo habla; porque es mentiroso, y padre de mentira.*

Juan 8.44

*Y fue lanzado fuera el gran dragón, la serpiente antigua, que se llama diablo y Satanás, el cual engaña al mundo entero; fue arrojado a la tierra, y sus ángeles fueron arrojados con él.*

Apocalipsis 12.9

Satanás, el padre de la mentira y el engañador, ha logrado a través de los siglos mantener a la Iglesia a oscuras sobre la importancia de la guerra espiritual para el cumplimiento de la Gran Comisión. Nuestro adversario sabe que una vez que la Iglesia se entere de esto, se encontrará contendiendo contra un invencible coloso, imposible de derrotar.

Por eso entre los líderes y pastores de muchas partes del mundo de habla hispana, la simple mención del término «guerra espiritual» causa un bloqueo inmediato, basado en sus recelos acerca del tema.

En esta sección deseo cambiar el paradigma mental del liderazgo prevaleciente.

> *Y Jesús se acercó y les habló diciendo: Toda potestad me es dada en el cielo y en la tierra. Por tanto, id, y haced discípulos a todas las naciones, bautizándolos en el nombre del Padre, y del Hijo, y del Espíritu Santo; enseñándoles que guarden todas las cosas que os he mandado; y he aquí yo estoy con vosotros todos los días, hasta el fin del mundo. Amén.*
>
> Mateo 28.18-20

> *Y les dijo: Id por todo el mundo y predicad el evangelio a toda criatura. El que creyere y fuere bautizado, será salvo; mas el que no creyere, será condenado. Y estas señales seguirán a los que creen: En mi nombre echarán fuera demonios; hablarán nuevas lenguas; tomarán en las manos serpientes, y si bebieren cosa mortífera, no les hará daño; sobre los enfermos pondrán sus manos, y sanarán.*
>
> Marcos 16.15-18

Desde Génesis a Apocalipsis las Escrituras nos revelan que la vida del siervo de Dios está entrelazada de manera intrínseca con el ámbito espiritual. El mundo no simplemente consiste en fuerzas abstractas o leyes naturales, científicas o humanas, sino de poderosas fuerzas espirituales operadas por seres leales a dos reinos opuestos, los cuales contienden entre sí, cada uno para lograr los objetivos de su comandante. Esta batalla es lo que llamamos «guerra espiritual». Es el conflicto entre el Reino de Dios y el reino de Satanás, entre el reino de la luz y el reino de las tinieblas. Cada cual batallando para establecer su reino. La Gran Comisión requiere el ejercicio del poder que Dios nos ha dado para señorear sobre la tierra y establecer la autoridad de Dios como Señor de la creación. La Gran Comisión nos llama a extender las fronteras del Reino de Dios en la tierra. «Venga tu Reino». Hágase tu voluntad, como en el cielo, así también en la tierra (Mateo 6.10). Esto requiere una ofensiva contra las huestes de las tinieblas. Para hacerlo, Dios nos instruye cómo hacer efectiva la obra, por medio de armas espirituales que demuestran la superioridad de Dios sobre las hordas del mal.

La batalla no es contra seres humanos, fuerzas políticas o sociales, sino contra seres de tinieblas que han penetrado todo segmento de la sociedad para influenciar en la vida de todo los seres humanos. Dios nos ha dado armas de naturaleza espiritual para militar contra nuestro adversario en el acarreo de la Gran Comisión.

> *Porque no tenemos lucha contra sangre y carne, sino contra principados, contra potestades, contra los gobernadores de las tinieblas de este siglo, contra huestes espirituales de maldad en las regiones celestes.*
>
> Efesios 6.12

> *Pues aunque andamos en la carne, no militamos según la carne; porque las armas de nuestra milicia no son carnales, sino poderosas en Dios para la destrucción de fortalezas, refutando argumentos, y toda altivez que se levanta contra el conocimiento de Dios, y llevando cautivo todo pensamiento a la obediencia a Cristo, y estando prontos para castigar toda desobediencia, cuando vuestra obediencia sea perfecta.*
>
> 2 Corintios 10.3-6

En el pasado la Iglesia ha tenido un conocimiento limitado del verdadero significado de lo que llamamos la Gran Comisión. Nos han enseñado que este término es equivalente a la evangelización del mundo, alcanzar a los perdidos y predicar el evangelio a toda criatura.

Esto es solamente una parte importante. La Gran Comisión requiere el cumplimiento de lo que Cristo nos llamó a hacer en su totalidad. La Biblia nos enseña que Jesucristo vino a establecer el Reino de Dios, lo que incluye dos cosas fundamentales:

1) Alcanzar a los que se pierden (Lucas 19.10).

2) Destruir las obras del maligno (1 Juan 3.8).

Estas dos cosas se declaran detalladamente en Lucas 4.18-19. Es decir, restablecer la autoridad y el dominio de Dios por medio del poder de Dios. «Porque el Reino de Dios no consiste en palabras, sino en poder» (1 Corintios 4.20).

1 Tesalonicenses 1.5 declara que el evangelio no llega solamente en palabras, sino en la evidencia y la manifestación del poder de Dios. En su oración sacerdotal Jesucristo ora al Padre, diciendo: «Como tú me enviaste al mundo, así yo los he enviado al mundo» (Juan 17.18). Esto es una delegación a los discípulos y a todos los que por medio de ellos creyeran en la tarea de concluir lo que Él comenzó, es decir el establecimiento del Reino de Dios aquí en la tierra.

> *Cuando el hombre fuerte armado guarda su palacio, en paz está lo que posee. Pero cuando viene otro más fuerte que él y le vence, le quita todas sus armas en que confiaba, y se reparte el botín.*
>
> Lucas 11.21-22

Ese botín del que Jesús habla son las almas que están bajo cautiverio. El profeta Isaías refiriéndose al «tirano» como el hombre fuerte o, en algunas versiones, al «valiente», escribe:

> *¿Será quitado el botín al valiente? ¿Será rescatado el cautivo de un tirano? Pero así dice Jehová: Ciertamente el cautivo será rescatado del valiente, y el botín será arrebatado al tirano; y tu pleito yo lo defenderé, y yo salvaré a tus hijos.*
>
> Isaías 49.24-25

Jesucristo hace referencia al hecho de que la destrucción de las obras del maligno era semejante a establecer el Reino de Dios. La Gran Comisión comenzó en el Huerto del Edén, cuando Dios asignó al hombre a señorear y a ejercer el dominio sobre la creación. En la caída del hombre, Adán abdicó de su posición de autoridad y Satanás tomó posesión como dios de este mundo. Cristo vino entonces para restablecer el dominio de Dios sobre la creación y comisionó a su Iglesia para lograr tal objetivo. Daniel pudo tener una visión de la Gran Comisión en su cumplimiento final por medio de la Iglesia:

> *Miraba yo en la visión de la noche, y he aquí con las nubes del cielo venía uno como un hijo de hombre, que vino hasta el Anciano de días, y le hicieron acercarse delante de él. Y le fue dado dominio, gloria y reino, para que todos los pueblos, naciones y lenguas le sirvieran; su dominio es dominio eterno, que nunca pasará, y su reino uno que no será destruido ... Después recibirán el reino los santos del Altísimo, y poseerán el reino hasta el siglo, eternamente y para siempre ... y que el reino, y el dominio y la majestad de los reinos debajo de todo el cielo, sea dado al pueblo de los santos del Altísimo, cuyo reino es eterno, y todos los dominios le servirán y obedecerán.*
>
> Daniel 7.13-14, 18, 27

En sus notas sobre dinámica del reino, la Biblia Plenitud comenta lo siguiente: «La profecía del capítulo siete de Daniel no solo cubre la lucha espiritual a través de las edades entre la primera y la Segunda Venida del Mesías, sino que usa dos términos de importancia para recibir la verdad bíblica acerca del Reino de Dios: «dominio» y «recibir». «Dominio», del caldeo *shelet*, que significa «gobernar, prevalecer y dominar»; está en las manos de poderes humanos hasta la venida del Hijo del Hombre, cuando este lo tomará en sus manos para siempre. Pero en el período entre la primera y Segunda Venida del Mesías, se entabla una lucha. En este período los santos «reciben» (del caldeo *chacan*, que significa: «sostener u ocupar») el reino. Ello indica un proceso de prolongadas luchas mientras los redimidos (los santos) poseen lo que han recibido».[1] En 2 Corintios 4.4 el apóstol

---

1. op. cit., p. 1047

Pablo escribe que «el dios de este siglo cegó el entendimiento de los incrédulos, para que no le resplandezca la luz del evangelio de la gloria de Cristo». El evangelio de la gloria es el evangelio en la demostración del poder de Dios.

La palabra «gloria», en hebreo *chabod*, significa poder, autoridad, riquezas, honor, excelencia.

> *Como tú me enviaste al mundo, así yo los he enviado al mundo ... La gloria [poder, autoridad, riquezas, honor, excelencia] que me diste, yo les he dado, para que sean uno, así como nosotros somos uno.*
>
> Juan 17.18, 22

La guerra contra Satanás se forja en tres diferentes niveles o campos de batalla. Para Satanás solo hay tres categorías de seres humanos: prisioneros, víctimas y adversarios. Satanás extiende su odio hacia los tres grupos; su objetivo es hurtar, matar y destruir. Hace todo lo posible por retener a sus prisioneros bajo control. A la juventud, a los que andan en busca de la verdad y a los creyentes desea intimidarlos o engañarlos (Apocalipsis 12.9), y a sus adversarios hace todo lo posible por dividirlos. En Mateo 11.12, Jesús declara que: «El reino de los cielos sufre violencia, y los violentos lo arrebatan». Jesús, refiriéndose a la violencia del reino, indica que a pesar de la violencia a la que el ejército de Dios está sujeto, el Reino de Dios avanza victorioso en medio de duros conflictos y batallas espirituales. El Reino de Dios se abre paso con fuerza. Como a los apóstoles que nos antecedieron hemos sido comisionados para que rescatemos para Dios a los que están bajo la potestad de Satanás. La comisión dada a Pablo es nuestra comisión:

> *...a quienes ahora te envío, para que abras sus ojos, para que se conviertan de las tinieblas a la luz, y de la potestad de Satanás a Dios; para*

*que reciban, por la fe que es en mí, perdón de pecados y herencia entre los*
*santificados.*

Hechos 26.17-18

Las tres instituciones que Dios ha bendecido son aquellas que están bajo ataque; estas son la familia, la Iglesia o el pueblo de Dios, y las naciones. Para cada una de ellas el adversario usa diferentes clases de estrategias o maquinaciones, las cuales requieren diferentes tipos de revelación y de ministerios. En la guerra espiritual a nivel «terrenal» militamos contra fortalezas personales. En la guerra espiritual al nivel «espiritual» militamos contra fortalezas filosóficas o ideológicas. En la guerra espiritual al nivel «territorial» militamos contra fortalezas territoriales. Los dos primeros niveles son en su mayoría afectados por los ministerios de evangelistas, pastores y maestros. El último nivel es impactado primordialmente por los ministerios de apóstoles y profetas. Por eso el apóstol Pablo declara que la Iglesia debe ser edificada sobre el fundamento de apóstoles y profetas (en plural), siendo la principal piedra de ángulo Jesucristo mismo.

*Él les dijo: Y vosotros, ¿quién decís que soy yo? Respondiendo Simón*
*Pedro, dijo: Tú eres el Cristo, el Hijo del Dios viviente. Entonces le respondió*
*Jesús: Bienaventurado eres, Simón, hijo de Jonás, porque no te lo reveló*
*carne ni sangre, sino mi Padre que está en los cielos. Y yo también te digo,*
*que tú eres Pedro, y sobre esta roca edificaré mi Iglesia; y las puertas del*
*Hades no prevalecerán contra ella. Y a ti te daré las llaves del reino de los*
*cielos; y todo lo que atares en la tierra será atado en los cielos; y todo lo que*
*desatares en la tierra será desatado en los cielos.*

Mateo 16.15-19

En Mateo 16.17 Jesús se refiere a la revelación personal. Aquella revelación del Padre que abre nuestros ojos a la persona del Señor Jesucristo. La revelación que abrió nuestros ojos cuando estábamos en el cautiverio del pecado y de la muerte y bajo las garras del maligno. El conflicto en el área personal y en la relación entre un individuo y su familia. Los ministerios deben ministrar para evangelizar y traer conocimiento del ataque en el aspecto de la relación con Dios y con nuestros semejantes.

En Mateo 16.18, Jesús alude la revelación de la Iglesia y de su conflicto contra las fuerzas del Hades. El conflicto en el área espiritual, en el cual la Iglesia milita en los asuntos filosóficos o ideológicos. Los ministerios dentro de la Iglesia deben trabajar para enseñar y alimentar al pueblo de Dios. En Mateo 16.19 Jesús apunta a la revelación del Reino y al conflicto por la posesión de territorios, ciudades y naciones bajo el dominio de Satanás. Los ministerios que Dios estableció para militar en esta área principalmente son los de apóstoles y profetas. Lucas 11.49 nos dice las palabras del Señor Jesucristo referente a que en la sabiduría de Dios enviaría profetas y apóstoles; sin embargo, estos recibirían rechazo y persecución por parte de las instituciones religiosas. La revelación de Dios conduce al conocimiento, el que a su vez conduce a la sabiduría y esta a la victoria.

Habacuc 2.14 dice: «Porque la tierra será llena del conocimiento de la gloria de Jehová [el poder, la autoridad, las riquezas, el honor etc.], como las aguas cubren la mar».

La versión Phillips de 1 Pedro 2.9 dice: «Mas vosotros sois una generación escogida por Dios, un pueblo adquirido para poseer y proclamar el evangelio y para rescatar a los que están bajo el dominio de las tinieblas y trasladarlos al reino de su luz admirable».

Al «poseer» estamos destruyendo las obras del maligno. Al «proclamar» estamos llevando el evangelio para alcanzar a los que se están perdiendo. Si el objetivo del reino de las tinieblas es de cegar y engañar, el objetivo de la Iglesia debe ser el de iluminar y liberar. Donde al adversario ha llevado confusión, llevar luz; donde ha engañado, llevar la verdad. Donde ha robado a seres humanos su dignidad o salud, llevar sanidad. Donde ha derramado desesperanza, llevar esperanza. Donde ha derramado muerte, llevar vida. Este es el cumplimiento de la Gran Comisión, y esta comienza con la oración. Establecer el Reino de Dios es establecer justicia, paz y gozo en nuestra comunidad.

> *Perseverad en la oración, velando en ella con acción de gracias; orando también al mismo tiempo por nosotros, para que el Señor nos abra puerta para la palabra, a fin de dar a conocer el misterio de Cristo, por el cual también estoy preso, para que lo manifieste como debo hablar.*
>
> Colosenses 4.2-4

Al pedir intercesión para que se abran puertas al evangelio, Pablo reconoce tres verdades:

1. Los inconversos están cautivos en una prisión de decepción y engaño.

2. Dios debe quebrantar esas fortalezas para que el evangelio fluya.

3. La intercesión es una de las armas que persuaden a Dios para lograrlo.

El hacer guerra espiritual es batallar contra el adversario para lograr el objetivo de la Gran Comisión, el cual es establecer el Reino de Dios aquí en la tierra, poniendo al enemigo bajo los pies de la Iglesia.

> *Pero Cristo, habiendo ofrecido una vez para siempre un solo sacrificio por los pecados, se ha sentado a la diestra de Dios, de ahí en adelante esperando hasta que sus enemigos sean puestos por estrado de sus pies.*
>
> Hebreos 10.12-13

> *Jehová dijo a mi Señor: Siéntate a mi diestra, Hasta que ponga a tus enemigos por estrado de tus pies.*
>
> Salmo 110.1

*Porqué Jehová el Altísimo es temible; Rey grande sobre toda la tierra.*
*Él someterá a los pueblos debajo de nosotros, Y a las naciones debajo de*
*nuestros pies.*

Salmo 47.2-3

*Porque preciso es que Él reine hasta que haya puesto a todos sus*
*enemigos debajo de sus pies.*

1 Corintios 15.25

*Y sometió todas las cosas bajo sus pies, y lo dio por cabeza sobre todas*
*las cosas a la iglesia, la cual es su cuerpo, la plenitud de Aquel que todo lo*
*llena en todo.*

Efesios 1.22-23

Concluyo con la misma promesa de Pablo a la iglesia de Roma
(Romanos 16.20): «Y el Dios de paz aplastará en breve a Satanás bajo
vuestros pies».

Aplastar, del griego *suntribu*, significa «atropellar, quebrar en
pedazos, machacar, moler y aplastar». Esta declaración alude a la
promesa de Génesis 3.15. Nuestra victoria es una continuación de la
victoria de Cristo en el calvario. Según la Biblia Plenitud en su
apéndice Riqueza Literaria, *suntribu* se refiere a las presentes victorias
sobre los poderes de las tinieblas, así como hacia la total destrucción
del reino de Satanás en la próxima venida de Cristo[2].

«La gracia de nuestro Señor Jesucristo sea con vosotros».

---

2. *Ibid.*, p. 1474

# La oración y la evangelización

*Pídeme, y te daré por herencia las naciones, y como posesión tuya los confines de la tierra.*

Salmo 2.8

Este gran salmo mesiánico revela el corazón de Dios hacia su propio Hijo. Encontramos la sorprendente declaración de que todas las naciones del mundo llegarán a estar bajo el gobierno del Señor Jesucristo. Sin embargo, hace falta «pedirlo». En Juan 17 vemos que Jesús hace precisamente esto mediante su oración sacerdotal al Padre. Pero su petición incluye la delegación de dos cosas a los creyentes: la unidad (Juan 17.21) y la autoridad que Jesús, como el Mesías intercesor, nos confiere como su cuerpo. En su nombre oramos al Padre y por medio de esta intercesión triunfamos al recibir la herencia de las naciones como el Padre prometió.

La epístola a los Efesios es para la Iglesia el manual de guerra espiritual. Nos enseña que la naturaleza de la batalla es contra fuerzas espirituales de las tinieblas y nos indica cuáles son los recursos que Dios ha provisto para enfrentar al enemigo. Efesios 6.18 dice: «Orando en todo tiempo con toda oración y súplica en el Espíritu, y velando en ello con toda perseverancia y súplica por todos los santos». Al tomar la armadura de Dios nos revestimos para la batalla. La batalla comienza con la oración intercesora para cambiar las condiciones en el ámbito espiritual. El Salmo 4.3 dice: «Jehová oirá cuando yo a Él clamare».

> *Jehová, a ti he clamado; apresúrate a mí; Escucha mi voz cuando te invocare. Suba mi oración delante de ti como el incienso, El don de mis manos como la ofrenda de la tarde.*
>
> Salmo 141.1-2

Al clamar a Dios, nuestra oración sube hasta delante del Señor como el incienso, y estas oraciones se van acumulando en incensarios de oro que al llenarse producen un derramamiento del fuego del Espíritu, directamente desde el altar de Dios. Creo que en el cielo hay un incensario de oro que lleva el nombre de todas las ciudades y naciones de la tierra. Cuando los santos oran por una ciudad, nación o pueblo (*ethnos*), los ángeles distribuyen las oraciones en cada incensario hasta que se llenan. Una vez lleno, el ángel de la ciudad lo lleva ante el trono de Dios, toma el fuego del Espíritu Santo y lo derrama sobre esa ciudad o nación, produciendo un despertar espiritual.

> *Otro ángel vino entonces y se paró ante el altar, con un incensario de oro; y se le dio mucho incienso para añadirlo a las oraciones de todos los santos, sobre el altar de oro que estaba delante del trono. Y de la mano del ángel subió a la presencia de Dios el humo del incienso con las oraciones de los santos. Y el ángel tomó el incensario, y lo llenó del fuego del altar, y lo arrojó a la tierra.*
>
> Apocalipsis 8.3-5

> *Y cuando hubo tomado el libro, los cuatro seres vivientes y los veinticuatro ancianos se postraron delante del Cordero; todos tenían arpas, y copas de oro llenas de incienso, que son las oraciones de los santos; y cantaban un nuevo cántico, diciendo: Digno eres de tomar el libro y de abrir*

*sus sellos; porque tú fuiste inmolado, y con tu sangre nos has redimido para*
*Dios, de todo linaje y lengua y pueblo y nación; y nos has hecho para nuestro*
*Dios reyes y sacerdotes, y reinaremos sobre la tierra.*

Apocalipsis 5.8-10

La Biblia Plenitud añade en sus notas de Dinámica del Reino: «El libro de Apocalipsis describe proféticamente la profundidad de penetración que el evangelio tendrá sobre las naciones». El versículo 9 nos asegura que gente de toda tribu, lengua, pueblo y nación será redimida por la sangre de Cristo. El versículo 10 nos revela que los creyentes asumirán un papel de intercesión y autoridad como reyes y sacerdotes «en Cristo», mientras estén en la tierra. Todavía más, Apocalipsis nos revela que la guerra espiritual continuará hasta que los reinos del mundo sean de nuestro Señor y de su Cristo, y que Él reinará por los siglos de los siglos (Apocalipsis 11.15). Es decir, cuando el evangelio haya sido proclamado sobre la tierra a toda tribu, lengua, pueblo y nación[1]».

Estamos destinados a triunfar, y parte del proceso es clamar a Dios en oración por nuestras ciudades y naciones, interceder por la evangelización de los pueblos no alcanzados y lanzarnos a batallar contra las huestes del infierno con la autoridad y el poder del Espíritu Santo en manifestación. El elemento imperativo para la misión de la Iglesia es el Espíritu Santo. El mismo que obró poderosamente en el ministerio del Señor Jesucristo. Es el que opera en la Iglesia y la llena de poder para alcanzar al mundo con el evangelio del Reino. Un evangelio no basado en palabras, sino en demostraciones de poder.

A pesar de la enorme oposición que enfrentaron los primeros cristianos, la Biblia nos dice que trastocaron el mundo conocido. Esto fue posible porque hicieron frente a las fuerzas de las tinieblas llenos del poder y la autoridad en el Espíritu Santo. Ramsey Mac Mullen, un notable historiador de la facultad de Yale y especialista en la historia

---

1. op. cit., p. 1717

del Imperio Romano, escribió un tratado titulado *La Cristianización del Imperio Romano 100-400* (Yale University Press). Aquí se argumenta que el factor principal para la conversión del Imperio Romano fue un evangelio demostrado con manifestaciones de poder, como el de echar fuera demonios y sanar a los enfermos.[2]

> *Se acordarán, y se volverán a Jehová todos los confines de la tierra, Y todas las familias de las naciones adorarán delante de ti. Porque de Jehová es el reino, y él regirá las naciones.*
>
> Salmo 22.27-28

Debemos entonces comenzar a movilizar a los ejércitos de Dios en cada una de nuestras ciudades y naciones para lograr el cumplimiento de la Gran Comisión. La palabra de Dios nos enseña que es necesario vencer al hombre fuerte, arrebatarle sus armas y, de esta manera, despojarlo del botín, que son las almas perdidas (Lucas 11.21-22; Isaías 49.24-25). Viajando alrededor del mundo he podido observar y participar en este conflicto espiritual. Me impresionan cinco cosas que son necesarias para poder escuchar lo que el Espíritu Santo está diciéndole a la Iglesia:

**1. Aprender a escuchar la voz de Dios.** Es necesario saber que la oración es nuestra comunicación con Dios, e incluye el hablar y el escuchar a Dios. El mensaje profético de Dios tiene que reconocerse y practicarse no solamente desde la perspectiva individual. El libro de Apocalipsis nos revela que Dios habla a la Iglesia como Cuerpo. El mensaje a las siete iglesias en Asia hablaba a la Iglesia de la ciudad en su totalidad. El mensaje era lo que estaban haciendo bien, lo que estaban haciendo mal, cómo corregir lo que estaba mal y las consecuencias de la obediencia, ya para bendición o para juicio (Apoca-

---

2. Wagner, *Confrontando a la reina del cielo*, Wagner Press, 1998, p. 14

lipsis 2.1; 3.22). El mensaje a las siete iglesias siempre concluyó con las palabras: «El que tiene oído, oiga lo que el Espíritu dice a las iglesias». El mensaje es que todo individuo debe escuchar el mensaje general y obrar para traer los cambios necesarios.

> *Creed en Jehová vuestro Dios, y estaréis seguros; creed a sus profetas,*
> *y seréis prosperados.*

> 2 Crónicas 20.20

La Biblia Plenitud anota en sus notas de Riquezas Literarias que la palabra «creed», del hebreo aman, significa «estar firme, estable, firmemente persuadido, creer de manera sólida»; su derivado más conocido es «amén», que encierra la idea de algo «sólido, firme, ciertamente seguro, verificado, establecido».[3] El mensaje profético de Dios en esta década es el de combatir contra las obras de las tinieblas y reconquistar nuestras familias, congregaciones, ciudades y naciones para Cristo, y preparar a la Iglesia para el inminente regreso del Señor. Proverbios 29.18 dice: «Sin profecía el pueblo se desmoraliza».

> *Y envió Jehová a vosotros todos sus siervos los profetas, enviándoles*
> *desde temprano y sin cesar; pero no oísteis, ni inclinasteis vuestro oído para*
> *escuchar.*

> Jeremías 25.4

El clamor de los profetas es el de unir o juntar al ejército de Dios para batallar en intercesión por las ciudades y naciones.

> *¡Jerusalén, Jerusalén, que matas a los profetas, y apedreas a los que*
> *te son enviados! ¡Cuántas veces quise juntar a tus hijos, como la gallina a*
> *sus polluelos debajo de sus alas, y no quisiste!*

> Lucas 13.34

---

3. op. cit., p. 540

Cuando se escucha el grito de guerra los ciudadanos pelean juntos contra su enemigo. Asimismo la Iglesia debe entrar en unidad para batallar contra las fuerzas de las tinieblas. Me encanta un lema nacional de Chile que decía: «Un pueblo unido jamás será vencido». Yo añado: ¡Una Iglesia unida jamás será vencida!

**2. Enfrentarnos al enemigo.** La confrontación comienza entrando en un nuevo nivel de oración para batallar en las tres áreas que se encuentran bajo ataque: La familia (fortalezas personales), la Iglesia (fortalezas filosóficas) y las ciudades y naciones (fortalezas territoriales). El conflicto en este último campo se llama guerra espiritual a nivel estratégico. El dominio de Satanás sobre territorios debe ser quebrado para poder penetrar a las tinieblas con el evangelio del reino de la luz.

> *Proclamad esto entre las naciones, proclamad guerra, despertad a los valientes, acérquense, vengan todos los hombres de guerra. Forjad espadas de vuestros azadones, lanzas de vuestras hoces; diga el débil: Fuerte soy. Juntaos y venid, naciones todas de alrededor, y congregaos; haz venir allí, oh Jehová, a tus fuertes.*
>
> Joel 3.9-11

**3. Tener un blanco definido en la oración.** Para esto se necesita saber de la cartografía espiritual. Hemos practicado la oración específica por las necesidades de individuos o de la congregación para obtener los resultados deseados. «Todo lo que pidáis a mi Padre en mi nombre». «Pedid y se os dará». ¿Por qué razón debe ser diferente cuando clamamos por nuestras ciudades y naciones? No hemos orado correctamente porque en su mayoría los creyentes desconocen los principados y potestades que controlan sus territorios. Por esta razón el pueblo perece por falta de conocimiento. Hoy en día Dios está levantando individuos con la capacidad de reconocer las brechas espirituales al estilo de Nehemías, para reedificar los muros.

*De los hijos de Isacar, doscientos principales, entendidos en los tiempos, y que sabían lo que Israel debía hacer, cuyo dicho seguían todos sus hermanos.*

1 Crónicas 12.32

*Y procurad la paz de la ciudad a la que os hice transportar, y rogad por ella a Jehová; porque en su paz tendréis vosotros paz.*

Jeremías 29.7

**4. Remitir los pecados corporativos de la ciudad y de la nación.** Con un arrepentimiento identificable, para poder llegar a la raíz de las enfermedades espirituales del presente y tratar con las causas y no meramente con los síntomas. Es necesario confesar en arrepentimiento los pecados del presente y de nuestros antepasados.

*Si se humillare mi pueblo, sobre el cual mi nombre es invocado, y oraren, y buscaren mi rostro, y se convirtieren de sus malos caminos; entonces yo oiré desde los cielos, y perdonaré sus pecados, y sanaré su tierra. Ahora estarán abiertos mis ojos y atentos mis oídos a la oración en este lugar.*

2 Crónicas 7.14-15

*El día veinticuatro del mismo mes se reunieron los hijos de Israel en ayuno, y con silicio y tierra sobre sí. Y ya se había apartado la descendencia de Israel de todos los extranjeros; y estando en pie, confesaron sus pecados, y las iniquidades de sus padres. Y puestos de pie en su lugar, leyeron el libro de la ley de Jehová su Dios la cuarta parte del día, y la cuarta parte confesaron sus pecados y adoraron a Jehová su Dios.*

Nehemías 9.1-3

El arrepentimiento del liderazgo es vitalmente importante para traer sanidad y permitir la penetración del evangelio en una comunidad (Véase Joel 2.17-18).

En el año 1996 tuvimos un seminario para pastores y líderes en un sitio cercano a las ciudades de Resistencia y Corrientes en el norte de Argentina. Este seminario retó a los pastores locales a unirse y trabajar juntos para alcanzar esa región con el evangelio. Estas dos ciudades tenían una historia de conflicto entre ellas de cientos de años. Los pastores de ambas habían sido afectados por ese espíritu y hasta la fecha nunca habían colaborado para un evento o para evangelizar su región. Después de un seminario de instrucción dado por el doctor Alberto Mottesi, el pastor Julio Donati de Buenos Aires y yo nos quedamos en esa zona para el próximo día hacer un acto profético de arrepentimiento.

Los pastores de las dos ciudades caminaron desde su lado hasta encontrase en el medio del gran puente que divide las dos localidades. Allí se derramó el Espíritu Santo y los pastores se pidieron perdón unos a otros. Los presidentes de los pastores de cada ciudad hicieron un pacto ante el Señor de comenzar a trabajar juntos para expandir el Reino de Dios. Un año más tarde el evangelista Alberto Mottesi fue invitado para celebrar una cruzada regional con el apoyo de los pastores de las dos ciudades. Fue un gran éxito y cientos de almas fueron ganadas para Cristo. El pastor Julio Donati de Buenos Aires comentó: «Esta cruzada, más allá de sus propósitos, ha traído una ruptura de las potestades espirituales, y provoca de parte de Dios una aceleración de su obra para el cumplimiento de la palabra dada a esta ciudad por más de cincuenta años». El pastor Juan Ferrando, coordinador de la cruzada, expresó: «El éxito de este evento se gestó hace un año con el arrepentimiento de los líderes y el plan de oración que incentivó a los cristianos».

**5. Invadir nuestras comunidades con oración y evangelismo. La manera ideal es con la amplia representación del Cuerpo de Cristo.**

*Tomad del pueblo doce hombres, uno de cada tribu, y mandadles, diciendo: Tomad de aquí de en medio del Jordán, del lugar donde están*

*firmes los pies de los sacerdotes, doce piedras, las cuales pasaréis con vosotros,*
*y levantadlas en el lugar donde habéis de pasar la noche.*

*Entonces Josué llamó a los doce hombres a los cuales él había*
*designado de entre los hijos de Israel, uno de cada tribu. Y les dijo Josué:*
*Pasad delante del arca de Jehová vuestro Dios a la mitad del Jordán, y cada*
*uno de vosotros tome una piedra sobre su hombro, conforme al número de*
*las tribus de los hijos de Israel, para que esto sea señal entre vosotros.*

Josué 4.2-6

Las piedras que cada uno tomó son un símbolo de la obra que
Dios le ha dado a cada congregación y en el proceso cada uno
sobrelleva su carga, pero el objetivo es edificar un altar de sacrificio a
Jehová, extender el Reino de Dios unidos con la misma visión: la de
transformar nuestras comunidades y naciones para Cristo.

El libro de Ester es un poderoso ejemplo de cómo Dios en una
nación corrupta puede cambiar las leyes levantadas contra el pueblo
de Dios por medio de la intercesión y el ayuno de su pueblo.

*Inclina, oh Dios mío, tu oído, y oye; abre tus ojos, y mira nuestras*
*desolaciones, y la ciudad sobre la cual es invocado tu nombre; porque no*
*elevamos nuestros ruegos ante ti confiados en nuestras justicias, sino en tus*
*muchas misericordias.*

*Oye, Señor; oh Señor, perdona; presta oído, Señor, y hazlo; no tardes,*
*por amor de ti mismo, Dios mío; porque tu nombre es invocado sobre tu*
*ciudad y sobre tu pueblo.*

Daniel 9.18-19

Oración por la saturación evangelística y de plantación de iglesias
Señor todopoderoso, envíanos a cada nación, región, ciudad, pueblo
y aldea como pueblo unido de Dios. Unimos nuestra fe para clamar
por una nueva y fresca visión y alcanzar y saturar nuestras ciudades y
naciones con el evangelio de Cristo. Permítenos ejercitar tu autoridad
en toda clase de oración para poseer la tierra que nos has dado, la

nación y la ciudad adonde nos has puesto y enviado. Clamamos por tu misericordia y tu perdón por ser partícipes de la apatía e indiferencia, para entrar en guerra espiritual contra las fuerzas de las tinieblas y del mal; por la falta de unidad y visión, para llevar a cabo tu mandato de la Gran Comisión. Oramos con corazones arrepentidos y clamamos para que el Espíritu Santo nos guíe y nos dirija, dándonos las estrategias para la plantación de iglesias sobre toda la faz de la tierra. Señor, fortalece a tus intercesores aquí reunidos para que no desmayen y no callen ni de día ni de noche, hasta que no vean un quebrantamiento espiritual sobre las ciudades y naciones por las que clamamos a ti.

Permite Señor, que tus hijos puedan ver tu corazón quebrantado por todos aquellos que mueren diariamente sin conocerte y aviva dentro de nosotros una pasión por los perdidos y una convicción como la del profeta Jeremías, el cual clamaba: «Mis entrañas, mis entrañas, me duelen las fibras de mi corazón; no callaré jamás, porque he oído el sonido de trompeta, el pregón de guerra». Señor, aparta obreros para la mies; apóstoles, profetas, evangelistas, pastores, maestros, intercesores, adoradores y otros más. Envíalos por todos los rincones de la tierra para proclamar el edicto de la Gran Comisión. Soberanamente abre puertas en nuestras ciudades y naciones para que, a través de los medios masivos de comunicación, podamos saturar a las ciudades y naciones con las Buenas Nuevas. Causa que los oprimidos y los perdidos busquen amparo bajo el refugio de tus alas.

Abre los ojos de su entendimiento para que puedan ver la luz del evangelio, a la que han estado cegados por el maligno y que puedan reconocer que Jesucristo murió por ellos. Permite que respondan al llamado de las iglesias locales y fortalece a los creyentes para que unánimes en oración puedan extender el amor incondicional del Padre celestial sobre todos los necesitados. Soberanamente abre las puertas de palacios presidenciales, cortes de justicia, congresos, senados, cámaras de representantes y toda clase de gobiernos, nacionales, estatales, municipales, para la proclamación de tu nombre. Continúa trayendo cambios constitucionales en todo el continente como ya lo has hecho en México, en Colombia y en otras naciones, para que podamos predicar el evangelio en prisiones, hospitales, escuelas y en las tribus indígenas de nuestros países. Señor, nos unimos contigo para pedir que intervengas contra los planes del enemigo para hurtar, matar y destruir, y declaramos a los principados y potestades sobre nuestras ciudades y naciones que, por la Cruz, Satanás fue desarmado y su poder sobre el temor y la muerte fue cancelado por la victoria de la resurrección de nuestro Salvador, Jesús de Nazaret.

En el nombre de Jesús de Nazaret, le ordenamos a los poderes de las tinieblas que suelten a los cautivos. Clamamos al norte, al sur, al oriente y al occidente. ¡Suéltenlos! No les impidan recibir su salvación y libertad. Señor, te pedimos que nos enseñes cómo contraatacar a los espíritus que obran para fomentar el racismo, la discriminación, el odio, el orgullo cultural, las contiendas étnicas y familiares y la corrupción política, y te pedimos que juzgues y remuevas los poderes de las tinieblas que obran para influenciar en la mente de los hombres. Oramos por todas aquellas organizaciones que has levantado para saturar al mundo con el evangelio y la plantación de iglesias. El movimiento AD 2000, Amanecer, la Cruzada Estudiantil y Profesional, COICOM, JUCUM, Fronteras, y tantos otros. Programas como «Colombia Hoy y Mañana», «Costa Rica 2000», «Perú para Cristo», y otros movimientos nacionales que se han lanzado con la visión de saturar a sus naciones con el evangelio y la plantación de una iglesia por cada mil personas.

# Cómo logra Satanás el control de territorios

Las ciudades son parte del plan de Dios para que el mandato de la Gran Comisión se cumpla y el Reino de Dios sea establecido en la tierra. Debido a esto, Satanás tiene un plan para pervertir los propósitos de Dios con tu ciudad, manteniendo a las almas en cautiverio y a la Iglesia en derrota.

Como Satanás es un ser creado y solo puede estar en un sitio al mismo tiempo, ha delegado la obra de corromper los sistemas de vida en cada ciudad. Esto lo hace por medio de jerarquías de espíritus malignos, fuerzas demoníacas a las que los propios habitantes de la ciudad, región o nación han dado apertura por medio del pecado y la idolatría.

En su libro *El evangelio vence la opresión satánica*, Noel Gibson, un australiano experto en el campo de la demonología, escribe: «Las actividades de espíritus malignos obviamente son coordinadas por demonios de alto rango, los cuales controlan las ciudades y comunidades». Asimismo el famoso autor cristiano C. S. Lewis escribe en su libro *Cartas de un diablo novato*: «Son las fuerzas detrás de las drogas, la violencia, la lujuria, los homicidios, el juego y otras huestes de males sociales». Estos demonios de alto rango a los que llamamos «espíritus territoriales», ejercen una gran influencia sobre las estructuras sociales de nuestras comunidades. Una ciudad entonces sufre porque las huestes del mal influyen en las acciones, pensamientos y emociones de sus gobernantes y habitantes para interferir con los propósitos de Dios y mantener a estos últimos en cautiverio. Existen cinco maneras primordiales por medio de las cuales el enemigo encuentra puertas abiertas para entronizarse sobre un territorio:

**1. El pecado individual o corporativo.** Estas dos clases de pecado son las principales vías por las que una comunidad es afectada. La primera es el pecado de un individuo en una posición de gobierno o influencia a nivel personal, como por ejemplo, en el aspecto sexual, o a nivel de la comunidad, como en los casos de tráfico de drogas, extorsión, corrupción política y violencia racial, social, política o criminal. Cuando el pecado ha entrado en una ciudad, región o nación por causa del pecado corporativo, es decir, cuando el pecado ha afectado a toda una comunidad por el pecado de un grupo contra otro, ya sea de raza a raza, de género a género, de clase social a clase social, de religión a religión, de nación a nación, etc., es necesario que la comunidad se arrepienta de lo que hoy en día se conoce como «arrepentimiento identificativo».

Pecados como la segregación racial, étnica y social; pecados como masacres, esclavitud y conflictos religiosos, abren brechas espirituales para que el enemigo se entronice sobre una zona determinada. Cuando este pecado continua, se convierte en un pecado generacional.

**2. El pecado generacional.** Las ciudades o naciones permanecen en cautiverio del demonio por causa del pecado generacional, es decir aquel que continua de generación en generación. Este es el pecado que mantiene a ciudades, regiones o naciones bajo el control de espíritus territoriales, que se entronizaron por causa de prácticas de nuestros antepasados, o por causa de las intensiones con que fueron fundadas las ciudades, o por la violencia y corrupción que se arraiga como un patrón o estilo de vida.

**3. Victimización, rechazo o traumas.** Ciudades, regiones y naciones pueden ser víctimas, particularmente en tiempos de guerra. El trauma nacional de Irlanda, donde católicos y protestantes se encuentran en guerra por generaciones. El trauma del pueblo judío durante el gobierno de Hitler. La violencia entre musulmanes y ortodoxos en Bosnia-Herzegovina. La persecución de la Iglesia Católica durante los tiempos de la Inquisición. El acoso a los cristianos en varias naciones de Latinoamérica. La muerte y la desaparición masiva de ciudadanos por cuenta del gobierno militar argentino. Las guerras civiles en naciones, como en Colombia. Todas estas cosas, ya sean de naturaleza racista, política, religiosa o civil, causan heridas nacionales de rechazo que establecen un trauma nacional.

Asimismo, desastres naturales como terremotos, huracanes, explosiones volcánicas, inundaciones, sequías, pestes y enfermedades, le producen una demonización a ciudades, regiones y naciones, que tienen que ser sanadas por medio del arrepentimiento identificativo por parte del único instrumento que Dios tiene: su Iglesia.

George Otis Jr., experto en cartografía espiritual, dice: «Cualesquiera que hayan sido los traumas nacionales, siempre tienen el efecto de enfrentar a seres humanos con desesperación y sufrimiento traumático. ¿Cómo entonces se pueden resolver estos conflictos? A través de las generaciones, el hombre ha escogido creer la mentira en vez de la palabra de Dios. Sometiéndose a los compromisos con demonios, ha escogido en su desesperación entrar en un trato o pacto con el mundo espiritual de las tinieblas, a cambio del compromiso de que sus problemas le sean resueltos por estas deidades regionales; ha ofrecido en intercambio ser aliado de ellas, es decir, ha vendido colectivamente su alma». Después que este trato inicial es hecho, casi siempre bajo circunstancias de necesidades, los demonios se manifiestan para proveer a individuos o comunidades una medida de alivio en tiempos de trauma. En algunos casos el alivio o ayuda, es verdadero; en otros es simplemente un engaño». A través de estos acuerdos o pactos, fuerzas demoníacas establecen fortalezas territoriales; estas transacciones aparentan ser totalmente morales. Los moradores de una comunidad toman la decisión consciente de suprimir la verdad a cambio de una mentira.

*Porque la ira de Dios se revela desde el cielo contra toda impiedad e injusticia de los hombres que detienen con justicia la verdad; porque lo que de Dios se conoce les es manifiesto, pues Dios se lo manifestó.*

*Porque las cosas invisibles de Él, su eterno poder y deidad, se hacen claramente visibles desde la creación del mundo, siendo entendidas por medio de las cosas hechas, de modo que no tienen excusa. Pues habiendo conocido a Dios, no le glorificaron como a Dios, ni le dieron gracias, sino que se envanecieron en sus razonamientos, y su necio corazón fue entenebrecido. Profesando ser sabios, se hicieron necios, y cambiaron la gloria del Dios incorruptible en semejanza de imagen de hombre corruptible, de aves, de cuadrúpedos y de reptiles. Por lo cual también Dios los entregó a la inmundicia, en las concupiscencias de sus corazones, de modo que deshonraron entre sí sus propios cuerpos, ya que cambiaron la verdad de Dios por la mentira, honrando y dando culto a las criaturas antes que al Creador, el cual es bendito por los siglos. Amén.*

Romanos 1.18-25

**4. Brujería, ocultismo y fraternidades.** La gran mayoría, sino la totalidad de prácticas de brujería y ocultismo que se realizan de manera organizada, también causan la demonización en diferentes niveles. Brujos, chamanes, satanistas y practicantes de lo oculto, usan su arte para invocar la presencia de huestes de las tinieblas, no solamente en sus ritos y rituales, sino también sobre ciudades, regiones y naciones. Asimismo las órdenes fraternales como masonería, Rosacruz, mormonismo, *Opus Dei*, los Iluminados y otras más, con sus votos secretos, promesas juramentadas, ritos de iniciación y declaraciones blasfemas, influyen en la condición espiritual de una ciudad, región o nación. Todas estas cosas dan poder y permiso a actividades demoníacas. La idolatría es algo en lo que los demonios se deleitan. A lo largo de toda la cordillera de los Andes muchos picos montañosos han sido consagrados a los Tius. Los Incas estaban entregados a la noción de que toda *huaca* o sitio sagrado tenía que ser alimentado todos los años; si así lo hacían, estos dioses recompensarían a los que les ofrecían los sacrificios. El monte Kaata en la frontera entre Perú y Bolivia, por ejemplo, abunda en *huacas*. Aun en el presente los nativos le ofrecen *chicha*, sangre de animales y ocasionalmente sacrificios humanos o fetos de bebes abortados.

**5. Las maldiciones.** Las maldiciones pueden ser dirigidas a naciones, regiones y ciudades, e influyen sobre la vida de la comunidad. ¿Cómo entonces mantiene Satanás acceso legítimo? Existen dos maneras primordiales por las cuales los demonios obtienen un permiso para extender su morada en un lugar. La primera es por medio de ritos, ferias, festivales y peregrinaciones.

> *Y me dijo: Hijo de hombre, cava ahora en la pared. Y cavé en la pared,*
> *y he aquí una puerta. Me dijo luego: Entra y ve las malvadas abominaciones*
> *que éstos hacen allí.*
>
> Ezequiel 8.8-9

George Otis Jr. escribe en su libro *El último de los gigantes:* «En la mayoría de estas fortalezas, el alcance y la intensidad del control demoníaco parece existir en proporción directa con la bienvenida explícita que se le dio originalmente y en el cuidado de preservar esta alianza a través de festivales, ritos y peregrinaciones».

En mi libro *Derribemos fortalezas*, describo con más detalles este aspecto; baste decir que los medios principales de asegurar y mantener la buena voluntad de estas huestes de maldad en lugares altos, gobernadores de las tinieblas de este siglo, son los sacrificios que se les ofrecen de derramamiento de sangre; en algunos casos de bestias y animales, pero en otras de seres humanos. Asimismo la renovación de votos, oraciones shamanicas y celebración de festividades.

*Le despertaron a celos con los dioses ajenos;*
*Lo provocaron a ira con abominaciones.*
*Sacrificaron a los demonios, y no a Dios;*
*A dioses que no habían conocido,*
*A nuevos dioses venidos de cerca,*
*Que no habían temido vuestros padres.*

Deuteronomio 32.16-17

*¿Qué digo, pues? ¿Que el ídolo es algo, o que sea algo lo que se sacrifica a los ídolos?*

*Antes digo que lo que los gentiles sacrifican, a los demonios lo sacrifican, y no a Dios; y no quiero que vosotros os hagáis partícipes con los demonios.*

*No podéis beber la copa del Señor, y la copa de los demonios; no podéis participar de la mesa del Señor, y de la mesa de los demonios.*

1 Corintios 10.19-21

*Pues aunque haya algunos que se llamen dioses, sea en el cielo, o en la tierra (como hay muchos dioses y muchos señores), para nosotros, sin embargo, solo hay un Dios, el Padre, del cual proceden todas las cosas, y nosotros somos para Él; y un Señor, Jesucristo, por medio del cual son todas las cosas, y nosotros por medio de Él. Pero no en todos hay este conocimiento; porque algunos, habituados hasta aquí a los ídolos, comen como sacrificado a ídolos, y su conciencia, siendo débil, se contamina.*

1 Corintios 8.5-7

*Se postró Bel, se abatió Nebo; sus imágenes fueron puestas sobre bestias, sobre animales de carga; esas cosas que vosotros solíais llevar son alzadas cual carga, sobre las bestias cansadas. Se lo echan sobre los hombros, lo llevan, y lo colocan en su lugar; allí se está, y no se mueve de su sitio. Le gritan, y tampoco responde, ni libra de la tribulación.*

Isaías 46.1 y 7

Esos festivales, ceremonias, peregrinaciones, fiestas, ritos, etc., no son un espectáculo benigno e inocente de las culturas o la tradición. Bajo su disfraz festivo son explícitas transacciones espirituales que reafirman los tratados o pactos de antepasados. Es decir, son hechos en los cuales la nueva generación extiende el manto de bienvenida al demonio y a sus huestes del mal para que mantengan el control espiritual de un territorio.

Algunas de estas ceremonias celebradas por cientos de años invocan directamente a poderes espirituales y restablecen pactos con entidades espirituales. La otra variante es «marcando» el territorio con templos, altares y lugares altos. Algunos de estos puntos o concentraciones de poder son templos o altares de sacrificio, como las pirámides de México y Centroamérica, Machu Pichu, Chavín de Huancar o Samaipata. En mis libros *Derribemos fortalezas* y *Desenmascaremos las tinieblas de este siglo*, tratamos estos temas con más detalles.

Como cristianos estamos llamados a ser instrumentos de Dios para derribar y destruir estas fortalezas y abrir el ámbito espiritual, para poder penetrar las tinieblas con la luz del evangelio de Cristo, y de esta manera lograr el cumplimiento de la Gran Comisión.

Segunda de Corintios 4.4 dice que «el dios de este siglo cegó el entendimiento de los incrédulos, para que no les resplandezca la luz del evangelio». Como los discípulos de la iglesia primitiva, el Señor nos ha comisionado para que abramos sus ojos y se conviertan de las tinieblas a la luz y de la potestad de Satanás a Dios. Donde nuestro adversario ha llevado confusión, llevamos luz. Donde ha robado la dignidad del hombre, debemos llevar sanidad. Donde ha llevado violencia, llevamos paz. Donde ha llevado muerte y enfermedades, llevamos salud y vida.

# Tomar posesión del territorio

*De Jehová es la tierra y su plenitud; El mundo, y los que en él habitan.*
Salmo 24.1

La Biblia nos indica que Dios delegó la autoridad al hombre para cuidar de su tierra y su plenitud. Desde la creación de Adán, el cuidado y la mayordomía de la tierra y su plenitud cayó en los hombros del hombre.

«Tomó, pues, Jehová Dios al hombre, y lo puso en el huerto del Edén, para que lo labrara y lo guardase» (Génesis 2.15).

Dios establece un pacto de responsabilidad con el hombre dándole la Gran Comisión de ejercer dominio. Génesis 1.28 dice que Dios bendijo la relación entre Adán y Eva y los comisionó para que se fructificaran y multiplicaran, y les delegó la responsabilidad de llenar, sojuzgar y señorear sobre la tierra (En hebreo *erets* significa «campo» o «terreno», y es el equivalente de la palabra griega *topos*, de donde sacamos la palabra «topografía») y su plenitud (Génesis 1.26; 1.28).

El poder y la autoridad humana para ejercer dominio y señorío se originan en el deseo divino de hacer a los seres humanos a su imagen y semejanza.

En este pacto adámico podemos observar que fue una comisión específica desde el punto de vista goegráfico. Su territorio no era todo el mundo, sino como indica Génesis 2.5, estaba limitado al sitio donde lo había puesto, el cual era el huerto del Edén, un lugar real, no una alegoría, situado entre los ríos Tigris (HIDEKEL) y el Éufrates (Génesis 2.14). Asimismo el pacto con Abram para su descendencia conforme a la carne fue de un territorio geográficamente situado desde el río de Egipto (el Nilo) hasta el río grande, llamado el río Éufrates. «En aquel día hizo Jehová un pacto con Abram, diciendo: A tu descendencia daré esta tierra, desde el río de Egipto hasta el río grande, el río Éufrates» (Génesis 15.18). Estos pactos de Dios representaban el compromiso con la tierra o territorio en el que Dios los había enviado a morar.

«Y de una sangre ha hecho todo el linaje de los hombres, para que habiten sobre toda la faz de la tierra; y les ha prefijado el orden de los tiempos, y los límites de su habitación (el lugar de su morada)» (Hechos 17.26). La Biblia da una importante relevancia a tierras y territorios; por ejemplo la Biblia menciona las misiones doce veces; la justificación por fe setenta veces; el nacimiento de María virgen dos veces; el arrepentimiento ciento diez veces; el bautismo ochenta veces; el regreso de Cristo trescientas dieciocho veces, mientras que fronteras y costas se mencionan noventa y seis veces; naciones y países ciento ochenta veces; regiones quince veces; tierra y sitio mil setecientas diecisiete veces. La sentencia de Dios a Caín fue retirarle el derecho de tomar posesión de cualquier terreno o territorio, es decir lo hizo un vagabundo. «Cuando labres la tierra, no te volverá a dar su fuerza; errante y extranjero serás en la tierra» (Génesis 4.12).

Dios nos está llamando a ser responsables por el sitio a donde nos ha enviado o en donde nos ha puesto. Solamente cuando aceptamos la responsabilidad que Dios nos da sobre el territorio, podremos realizar la visión y el propósito de Dios para nuestras vidas y para nuestro ministerio.

Una vez que establezcamos que la tierra es importante para Dios, nos podremos dar cuenta de ello en términos geográficos. Dios es un Dios territorial y nos planta en un sitio para que cumplamos sus propósitos para la ciudad, nación y territorio, así como también para nuestras vidas y ministerios.

«Y me alegraré con ellos haciéndoles bien, y los plantaré en esta tierra (*topos*) en verdad, de todo mi corazón y de toda mi alma» (Jeremías 32.41).

Salmo 16.5 dice que Dios sustenta nuestra porción, refiriéndose a la división de tierra que nos ha sido prometida como herencia.

Es por esto que Dios nos está dando una fresca revelación de nuestra responsabilidad con el territorio en que nos planta, para batallar contra los espíritus territoriales que han desplazado la autoridad de la Iglesia y restablecer el señorío de Cristo.

Debido a la caída del hombre, el enemigo ha tomado un derecho legal sobre el gobierno espiritual de un sitio, hasta que pueda ser desplazado por una entidad más fuerte. Solamente una autoridad tiene el poder para desplazar a un formidable adversario: El Señor Jesucristo, a través de la sangre derramada en el calvario, recibió toda autoridad en los cielos y en la tierra y nos la ha delegado para desplazar al hombre fuerte que se ha posesionado para gobernar en un área.

> *Cuando el hombre fuerte armado guarda su palacio, en paz está lo que posee. Pero cuando viene otro más fuerte que él y le vence, le quita todas sus armas en que confiaba, y reparte el botín.*
>
> Lucas 11.21-22

Los primeros cristianos afirmaron que Satanás es «príncipe de la potestad del aire» (Efesios 2.2) y «príncipe de este mundo» (Juan 14.30). Pero examinemos cuál es el verdadero significado de estas expresiones. Tadicionalmente hemos asumido o se nos ha enseñado que Satanás, como príncipe de este mundo, es dueño de la tierra y de los aires y que nada podrá cambiar esto hasta que Jesús regrese y reclame estas pertenencias.

Si esto fuera verdad, tendríamos un gran problema de interpretación sobre el Salmo 24.1 ¿Quién está en control de la tierra, Dios o Satanás? La respuesta es simple: la palabra «tierra», como mencionamos anteriormente, viene de la palabra *erets*, y se refiere solo a la tierra. El salmo 24.1 se refiere a la tierra, su fruto y sus habitantes. La palabra que hallamos en el pasaje de Juan 14.30 es la palabra *cosmos*, que se refiere a estructuras, sistemas humanos o gobiernos. Satanás es el príncipe o gobernador de los sistemas humanos y gobiernos. Así pues estos pasajes no son contradictorios. Se refieren a dos cosas diferentes. Dios es el dueño de toda su creación. Pero, desde la caída del hombre, Satanás ha tomado el derecho legal de interferir en los planes de Dios por medio de sistemas humanos y gobiernos, sobre los que ejerce control valiéndose de la voluntad o decisiones del ser humano.

Hay una cosa en toda la creación en la que Dios se ha restringido de imponer su voluntad. La voluntad o el libre albedrío del hombre. No podemos pedirle o rogarle que viole el libre albedrío del ser humano. Es por medio de las decisiones de los seres humanos que Satanás obtiene acceso legal sobre los lugares de la tierra, y es de esta manera que las fuerzas de las tinieblas logran controlar el gobierno de las comunidades.

Nuestros antepasados o aquellos moradores primitivos de la tierra a la que Dios nos ha enviado, voluntariamente dieron derecho legal a las fuerzas de las tinieblas cuando se entregaron en idolatría a estas huestes de maldad y las invitaron a ocupar territorios geográficos. Este derecho se mantiene efectivo cuando los seres humanos que habitan esa zona o territorio renuevan los pactos del pasado por medio de ritos, festivales, peregrinaciones, carnavales, procesiones y ferias en nombre de estos poderes territoriales. La Biblia también nos revela cómo Satanás tiene el derecho legal de los «reinos» de este mundo. En la tentación al Señor Jesucristo en el desierto, el diablo le ofrece estos reinos del mundo y su gloria, si Él se postrase y le adorare.

> *Otra vez le llevó el diablo a un monte muy alto, y le mostró todos los*
> *reinos del mundo y la gloria de ellos, y le dijo: Todo esto te daré, si postrado*
> *me adorares.*

Mateo 4.8-9

La palabra «reinos» aquí usada es del griego *basilea*, que significa ámbito o gobierno. El libro de concordancias bíblicas de Strong define esta palabra como la raíz del concepto «base o fundamento de poder». Lo que el diablo le ofreció a Jesucristo fue los sistemas del mundo y sus gobiernos y la gloria de estos. Recordemos que la palabra «gloria» significa poder, autoridad, honor, magnificencia, riquezas. Todo lo que el mundo ofrece lo ofreció Satanás a Jesús por solo un momento de adoración por parte del hijo de Dios. Cuando hablamos de «conquistar» o «poseer» reinos no nos referimos a algo político o militar. No es a través de la política que la Iglesia debe traer cambios y ver un avance hacia el Reino de Dios. Como ciudadanos, debemos ejercer nuestro derecho constitucional para elegir hombres o mujeres temerosos de Dios y con una agenda que se ajuste a las normas y preceptos bíblicos. Sin embargo, debemos recordar que nuestra batalla *no es contra carne y sangre, sino contra los principados y potestades, los gobernadores de las tinieblas de este siglo, contra poderes territoriales posesionados en lugares altos*. Solamente por medio de un cambio en el ámbito espiritual podemos ver a comunidades transformadas.

Efesios 4.27 dice que «ni deis lugar al diablo». La palabra «lugar» es *topos* en griego, de donde proviene la palabra topografía. Esta palabra definitivamente se refiere a un sitio geográfico e implica que le podemos dar acceso geográfico al diablo por medio de nuestras acciones y decisiones.

El Señor nos da el mandato de entrar y poseer la tierra que nos ha dado. «Les diste pan del cielo en su hambre, y en su sed les sacaste aguas de la peña; y les dijiste que entrasen a poseer la tierra, por la cual alzaste tu mano y juraste que se la darías» (Nehemías 9.15). El mandato de Dios nos exhorta a librar batalla contra las huestes del mal para poseer el territorio a donde Dios no ha enviado.

> *Así ha dicho Jehová de los ejércitos, Dios de Israel, a todos los de la cautividad que hice transportar de Jerusalén a Babilonia:*
> *Edificad casas, y habitadlas; y plantad huertos, y comed del frutos de ellos. Casaos, y engendrad hijos e hijas; dad mujeres a vuestros hijos, y dad maridos a vuestras hijas, para que tengan hijos e hijas; y multiplicaos ahí, y no os disminuyáis. Y procurad la paz de la ciudad a la cual os hice transportar, y rogad por ella a Jehová; porque en su paz tendréis vosotros paz.*
>
> Jeremías 29.4-7

La promesa de la tierra de leche y miel era una promesa condicional a dos cosas: obediencia y fe:

«Mirad, yo os he entregado la tierra; entrad y poseed la tierra que Jehová juró a vuestros padres Abraham, Isaac y Jacob, que les daría a ellos y a su descendencia después de ellos» (Deuteronomio 1.8).

La razón por la cual una generación entera no pudo entrar a poseer la tierra que Dios les había entregado fue que no mezclaron la palabra de Dios con fe, y su incredulidad endureció sus corazones a los planes de Dios para con ellos. Dios los estaba sacando de la esclavitud y de una vida de labradores y esclavos, enviándolos a una comisión de guerreros, a la conquista y posesión del territorio al cual los había enviado.

> *Vosotros sois una generación escogida por Dios, un pueblo separado para poseer y proclamar el maravilloso poder de Dios con el fin de rescatar a los prisioneros y víctimas del reino de las tinieblas y trasladarlos al reino de la luz.*
>
> 1 Pedro 2.9 (versión Phillips)

La Iglesia no es una novia con botas de combate. Será una novia en las bodas del Cordero, pero hasta el presente es un ejército. Dios desea establecer su gobierno ejecutivo en la tierra, pero para esto necesita la masculinidad de su cuerpo. Dios gobierna por medio de la plenitud varonil y de la Iglesia. La Iglesia es patriarcal, profética, varonil y llena de la fuerza y poder de Dios. Gobernada por el hombre como cabeza de la Iglesia y ministrada por hombres y mujeres en una medida igual de autoridad espiritual.

Dios está dando a su Iglesia una nueva tecnología espiritual, una fresca dimensión de revelación de su gobierno apostólico y profético para traer una reforma total a su Iglesia.

Ni el conservadurismo teológico, ni el pentecostalismo, ni el carismatismo, tendrán las respuestas para la Iglesia del nuevo milenio. Dios está preparando una reforma como la del protestantismo, que va a requerir de los cristianos un cambio en su paradigma mental. La nueva generación que Dios quiere levantar es una generación de conquista y posesión, para establecer su gobierno en la tierra. Una generación que se lance a un conflicto global contra las huestes de tinieblas, las cuales se han enseñoreado ilegalmente sobre las pertenencias del Dios todopoderoso.

*Proclamad esto entre las naciones, proclamad guerra, despertad a los valientes, acérquense, vengan todos los hombres de guerra. Forjad espadas de vuestros azadones, lanzas de vuestras hoces; diga el débil: fuerte soy.*

Joel 3.9-10

En nosotros está el destino de nuestra generación. Dios está formulando a su Iglesia la misma pregunta que Josué hizo a los hijos de Israel: «Toda la congregación de los hijos de Israel se reunió en Silo, y erigieron allí el tabernáculo de reunión, después que la tierra le fue sometida. Pero habían quedado de los hijos de Israel siete tribus a las cuales aún no habían repartido su posesión. Y Josué dijo a los hijos de Israel: ¿Hasta cuándo seréis negligentes para venir a poseer la tierra que os ha dado Jehová el Dios de vuestros padres?» (Josué 18.1-3).

## Oración de arrepentimiento

*Amadísimo Padre celestial, nos acercamos a ti en nombre de nuestra nación (ciudad). Confesamos que te hemos ofendido y contristado por nuestra perversidad. Hemos sido desagradecidos, rebeldes e impuros. Hemos igno-rado tu guía y desechado tu presencia. Nos hemos convertido en personas violentas, avaras y egoístas. Nuestra necedad nos ha llevado al borde de la destrucción. ¡Oh Dios, perdónanos y derrama tu misericordia sobre esta nación! Como iglesia oramos por un avivamiento dentro de tu Iglesia y un despertar espiritual en nuestras ciudades y país. Oramos por una transfor-mación en esta nación.*

Señor, bendice y guía a los líderes de esta nación. Transforma sus vidas y dales sabiduría para gobernar. Rodéalos de hombres y mujeres de Dios que impartan sobre ellos consejo y asesoramiento basados en los preceptos de tu santa Palabra. Remueve del poder a toda persona que se levante en rebeldía contra ti y contra tu Iglesia, o como en el caso del apóstol Pablo, revélate a aquellos que te persiguen. Levanta nuevos líderes con visión, sabiduría, gracia y valor. Protégelos junto a su familia de toda influencia del mal y de todo ataque del maligno por su posición de justicia.

Danos maestros y educadores que sean buenos modelos para nuestra juventud. Remueve de nuestras instituciones de educación toda inmoralidad, herejía, ocultismo y falsas filosofías que contami-nan a nuestra juventud, y levanta una nueva generación de maestros y educadores temerosos del Dios vivo. Oramos para que los medios masivos de comunicación sean guiados y liderados por hombres y mujeres justos, amantes de la verdad y abiertos al mover de tu Espíritu. Pedimos que remuevas de posiciones de autoridad a toda persona que abusa de ella, ya sea en el ejército, la policía, las fuerzas armadas, las cortes judiciales o el gobierno. Remplázalos por hombres y mujeres con sabiduría, conocimiento y temor de Dios. Sana Señor nuestros hogares y cimienta nuestras relaciones. Pedimos que nuestras familias sean sanadas y llenas de compasión, amor, caridad y afecto, y permite un nuevo gozo y diversión sana para todos.

Derrama tus bendiciones sobre nuestra nación, porque clamamos a ti. Bienaventurada es la nación cuyo Dios es Jehová.

*C  a  p  í  t  u  l  o      6*

# Cómo sacudir a nuestra ciudad

*Para que la multiforme sabiduría de Dios sea ahora dada a conocer*
*por medio de la Iglesia a los principados y potestades en lugares celestiales,*
*conforme al propósito eterno que hizo en Cristo Jesús nuestro Señor.*

Efesios 3.10-11

La epístola de Pablo a los Filipenses fue escrita para agradecer la contribución que había recibido de ellos, pero, a la vez, es su consejo de cómo conmover a la ciudad de Filipos.

Hay tres cosas que Dios desea que tenga todo individuo, congregación o ministerio:

1. Excelencia. «Y ciertamente, aun estimo todas las cosas como pérdida por la excelencia del conocimiento de Cristo Jesús, mi Señor, por amor del cual lo he perdido todo, y lo tengo por basura, para ganar a Cristo» (Filipenses 3.8).

Dios desea que nuestras vidas sean un modelo de excelencia. En nuestro comportamiento, nuestra actitud y nuestro testimonio.

2. Impacto. «Gritando: Estos que trastornan el mundo entero también han venido acá» (Hechos 17.6b).

El libro de los Hechos nos revela cómo los discípulos se lanzaron a revolucionar comunidades. En Tesalónica los acusaron de revolucionar (trastornar o impactar) *al mundo entero.*

3. Movilización. «Y Él mismo constituyó a unos, apóstoles; a otros, profetas; a otros, evangelistas; a otros, pastores y maestros, a fin de perfeccionar a los santos para la obra del ministerio, para la edificación del Cuerpo de Cristo, hasta que todos lleguemos a la unidad de la fe y del conocimiento del Hijo de Dios, a un varón perfecto, a la medida de la estatura de la plenitud de Cristo» (Efesios 4.11-13).

Las instrucciones de las epístola están escritas a la iglesia en cada comunidad:

*«A todos los que estáis en Roma» (Romanos 1.7).*
*«A la iglesia de Dios que está en Corinto» (1 Corintios 1.2).*
*«A las iglesias de Galacia» (Gálatas 1.2).*
*«A los santos y fieles en Cristo Jesús que están en Éfeso» (Efesios 1.1).*
*«A todos los santos en Cristo Jesús que están en Filipos» (Filipenses 1.1).*

Asimismo Pablo usa igual referencia en cuanto a los santos en Colosas y en Tesalónica. La palabra «iglesia» viene del griego *ekkesia*, que literalmente significa «asamblea» o «a los llamados». La Iglesia de Dios es un Cuerpo «universal», pero al mismo tiempo es un cuerpo local, y se refiere a grupos de gente que se congregan de manera regular en un sitio específico. Esto se refiere tanto a las reuniones congregacionales como a reuniones de células. Martín Lutero enseñaba que la Iglesia es una «organización visible», y también es la comunión «invisible» de los creyentes.

> *En quien todo el edificio, bien coordinado, va creciendo para ser un templo santo en el Señor; en quien vosotros también sois juntamente edificados para morada de Dios en el Espíritu.*
>
> Efesios 2.21-22

La Iglesia es un edificio o templo «invisible». Un sitio de estabilidad y permanencia en donde, bajo una estructura de orden y buena coordinación, vamos creciendo para ser un templo santo en el Señor.

> *Doy gracias a mi Dios siempre que me acuerdo de vosotros, siempre en todas mis oraciones rogando con gozo por todos vosotros, por vuestra comunión en el evangelio, desde el primer día hasta ahora; estando persuadido de esto, que el que comenzó en vosotros la buena obra, la perfeccionará hasta el día de Jesucristo; como me es justo sentir esto de todos vosotros, por cuanto os tengo en el corazón; y en mis prisiones, y en la defensa y confirmación del evangelio, todos vosotros sois participantes conmigo de la gracia.*
>
> *Porque Dios me es testigo de cómo os amo a todos vosotros con el entrañable amor de Jesucristo.*
>
> *Y esto pido en oración, que vuestro amor abunde aun más y más en ciencia y en todo conocimiento, para que aprobéis lo mejor, a fin de que seáis sinceros e irreprensibles para el día de Cristo, llenos de frutos de justicia que son por medio de Jesucristo, para gloria y alabanza de Dios.*
>
> *Quiero que sepáis, hermanos, que las cosas que me han sucedido, han redundado más bien para el progreso del evangelio...*
>
> Filipenses 1.3-12

La anterior epístola nos revela el corazón de Dios para los santos en una ciudad: «Siempre que me acuerdo de vosotros» (Mente). «Cómo os amo» (Corazón). «Siempre en todas mis oraciones» (Oración). Pablo aquí nos revela las razones por las cuales es vitalmente importante reunirnos en asamblea o en la *ekkesia* de y con los santos: «Por vuestra comunión». La Iglesia como Cuerpo de Cristo crece cuando toda coyuntura suple de acuerdo a su dádiva. Estamos llamados a compartir los dones y bendiciones que Dios nos ha dado en un espíritu de participación. Esto es en un proceso de discipulado o capacitación en el cual la Iglesia crece en madurez. «Han redundado más bien para el progreso del evangelio». La Iglesia crece como Cuerpo de Cristo cuando se lanza a compartir el evangelio con los perdidos por medio de la evangelización masiva. Esto es lo que llamamos la visión de Dios. El proceso de cumplir su mandato de la Gran Comisión: «Combatiendo unánimes por la fe del evangelio» (Filipenses 1.27). Batallando en guerra espiritual. Firmes en un mismo espíritu (unidad) en el ejercicio de la encomienda de batallar para destruir las obras del maligno.

> *Por tanto, si hay alguna consolación en Cristo, si algún consuelo de amor, si alguna comunión del Espíritu, si algún afecto entrañable, si alguna misericordia, completad mi gozo, sintiendo lo mismo, teniendo el mismo amor, unánimes, sintiendo una misma cosa. Nada hagáis por contienda o por vanagloria; antes bien con humildad, estimando cada uno a los demás como superiores a él mismo; no mirando cada uno por lo suyo propio, sino cada cual también por lo de los otros.*
>
> Filipenses 2.1-4

Esta porción de la Escritura nos revela cómo lograr nuestro objetivo a través de la unidad de la visión junto a aquellos a quienes Dios les ha dado autoridad para comandar a sus batallones, junto a ellos tenemos que vivir y expresar lo siguiente:

**1. Consolación en Cristo.** Es el proceso de animarnos y levantarnos el uno al otro. No hay nada más estimulante para un pastor o líder que ver y sentir el apoyo de otros en el ejercicio de su ministerio para el Señor.

**2. Consuelo de amor.** Es la demostración evidente del amor de Dios los unos por los otros. No amando de palabra ni de lengua, como es costumbre, sino con acciones y viviendo verdaderamente ese amor que demanda dar nuestras vidas por nuestros hermanos.

**3. Comunión del Espíritu.** Tener verdadera comunión, en obediencia a las demandas del Espíritu Santo. Con frecuencia contristamos al Espíritu de Dios, porque nuestra agenda, compromisos, visión y planes son más importantes que los de Dios mismo.

**4. Afecto y misericordia.** Nuestro estilo de vida y nuestra manera de vivir debe ser de compasión. Nuestra vida debe ser un sermón del evangelio ante todos. Debemos recordar que somos epístola viviente y que tanto los cristianos como los inconversos observan nuestro cristianismo basándolo en nuestras acciones. Podemos dar gozo a los que son nuestros pastores y líderes, pero también al Señor, cuando tenemos:

a. El mismo amor. El amor incondicional de Cristo en todo y para todos. Jesucristo demostró su amor derramando su sangre y entregando su vida en la cruz por los pecados de todo el mundo.

b. La misma visión. La manera de trabajar en nuestra ciudad para lograr un despertar espiritual y un avivamiento, ha de ser la de un espíritu de colaboración y cooperación, bajo la misma visión de Dios, de cumplir el mandato de la Gran Comisión. Desde hace algunos años la Iglesia en la ciudad de Modesto, California, ha estado trabajando unida para alcanzar a los perdidos de su ciudad. En este interés la Iglesia ahora no lleva títulos de su denominación en los avisos y carteles de sus congregaciones. La gran mayoría tiene el nombre de su congregación sobre el título: «Iglesia de Modesto».

c. Un mismo sentir o propósito (sintiendo una misma cosa). El propósito de toda congregación debe ser el mismo: transformar a su comunidad. La falta de unidad es parte de la maldición que trae como consecuencia la idolatría. Deuteronomio 28.14-15 dice que si no oímos la voz de Dios para procurar cumplir todos sus estatutos y decretos, vendrán maldiciones y nos alcanzarán, en el campo y en la ciudad. En su libro Heal Our Land [Sana nuestra tierra], Jimmy y Carol Owens escriben: «Aunque vemos un maravilloso crecimiento de una ola de unidad levantándose en la nación, iglesias y ministerios unidos todavía son una minoría. Con frecuencia ministerios *exitosos*, los cuales debieran estar a la vanguardia, se han tornado ciegos a lo externo, por líderes preocupados por su propia empresa. Estos no reconocen que hay algunas cosas, como la evangelización del mundo, que son mucho mejor logradas juntos, que solos, no importa cuán grande sea su ministerio o congregación. La unidad, en propósito y visión, da a la Iglesia una credibilidad ante los ojos del mundo. Por esto Jesús oró: *Para que todos sean uno; como tú Padre, en mí, y yo en ti, que ellos sean uno en nosotros; para que el mundo crea que tu me enviaste.* Qué trágico es ver el potencial de la Iglesia sacrificado en el altar de la independencia y la autosuficiencia». Satanás sabe que solo tiene que dividirnos para derrotarnos. Sabe que una familia dividida entre sí no permanece firme y que un reino dividido entre sí caerá en ruinas. Él reconoce que iglesias unidas, moviéndose en gracia y amor, generan una poderosa fuerza, a través de la oración como cuerpo, la guerra espiritual y el alcance unido, contra la cual las puertas del infierno no tienen resistencia».[1]

## Debemos enfocarnos en los absolutos

La única forma de alcanzar nuestras ciudades y naciones para Cristo es que la Iglesia entre en una unidad de visión y de propósito.

Cuando la Iglesia está fragmentada y dividida porque se resaltan las diferencias en aquellos asuntos que no son básicos ni esenciales, está destruyendo su potencial para producir un impacto en el clima espiritual de su ciudad o de la nación. Cuando como creyentes comenzamos a compararnos sobre la base de nuestras interpretaciones, en vez de atender aquellas cosas que son absolutas, nuestra influencia se debilita. La identificación como cristianos debe estar basada en la esencia de nuestra fe. Jesucristo y la Biblia como autoridades absolutas. Dejemos de poner énfasis en nuestras diferencias y enfoquemos nuestra vista en lo que coincidimos. Todos los cristianos debemos promover a Cristo y su Palabra por encima de nuestra denominación nuestra iglesia y nuestra manera de hacer las cosas. Una de ellas es la de orar juntos para que las aguas del Espíritu fluyan en toda la ciudad.

---

1. Heal Our Land, Owens, Revell, 1997, pp. 44-45

Todos debemos respetar las interpretaciones de otros, porque no se trata de aceptar herejías, sino interpretaciones que aunque no las compartamos se ajustan a lo que los cristianos en general creemos. Es decir, los elementos básicos sobre la persona de Cristo y la Palabra de Dios. Esto elimina a grupos que niegan la deidad de Cristo y la autoridad de la Biblia, como los mormones y los Testigos de Jehová, o que añaden a las Escrituras, como los mormones y el romanismo.

Debemos también cuidarnos de no integrar nuestra herencia cultural con los absolutos de las Escrituras. Con frecuencia nuestro patrimonio cultural tiene raíces paganas e idólatras, o nuestro nacionalismo es dado en más importancia que la unidad de la Iglesia de Cristo. Dentro de las paredes de nuestras iglesias enseñemos y practiquemos lo que creemos, pero fuera del edificio en el que nos congregamos debemos enfocarnos en los absolutos, porque cuando lo hacemos, ejercemos una fuerte presión sobre las fuerzas del mal que quieren dividirnos y apartarnos de nuestra primera prioridad. Las iglesias de las ciudades en muchos países del mundo son muy similares. Nos alimentamos con juicios y prejuicios críticos sobre otras iglesias, sobre los otros cristianos y sobre lo que estos creen. Sin embargo los creyentes y los ejércitos celestiales se emocionan cuando ven a líderes y miembros de diferentes iglesias trabajando juntos para cumplir el mandato de la Gran Comisión. Podemos aprender una lección en lo que le ocurrió a Egipto por su desobediencia y rebeldía:

> *Levantaré egipcios contra egipcios, y cada uno peleará contra su hermano, cada uno contra su prójimo; ciudad contra ciudad y reino contra reino. Y el espíritu de Egipto se desvanecerá en medio de él, y destruiré su consejo; y preguntarán a sus imágenes, a sus hechiceros, a sus evocadores y a sus adivinos. Y entregaré a Egipto en manos de señor duro, y rey violento se enseñoreará de ellos, dice el Señor, Jehová de los ejércitos.*

> Isaías 19.2-4

¿Cuál es el propósito de la Iglesia? ¡Alcanzar a los perdidos! ¿Cuál es el mensaje de la Iglesia? ¡El evangelio de Cristo, las Buenas Nuevas! ¿Cuál es el trabajo de la Iglesia? ¡La guerra espiritual! Filipenses 1.6 dice que «el que comenzó en vosotros la buena obra, la perfeccionará hasta el día de Jesucristo». La unidad de la Iglesia comienza en la humildad. Debemos arrepentirnos de nuestras actitudes de soberbia, egoísmo y arrogancia y adoptar una actitud de siervos, reconociendo de todo corazón que los intereses de Jesucristo son mucho más importantes que los nuestros.

> *Nada hagáis por contienda o por vanagloria; antes bien con humildad, estimando cada uno a los demás como superiores a él mismo; no mirando cada uno por lo suyo propio, sino cada cual también por lo de los otros.*
>
> Filipenses 2.3-4

El mecanismo para lograr la unidad es entonces:

> *Tener la actitud o el sentir de Cristo. «Haya, pues, en vosotros este sentir que hubo también en Cristo Jesús» (Filipenses 2.5).*
>
> *Tener la obediencia de Cristo. «Y estando en la condición de hombre, se humilló a sí mismo, haciéndose obediente hasta la muerte, y muerte de cruz» (Filipenses 2.8). No buscar los intereses propios. «El cual, siendo en forma de Dios, no estimó el ser igual a Dios como cosa a que aferrarse» (Filipenses 2.6). «Porque todos buscan lo suyo propio, no lo que es de Cristo Jesús» (Filipenses 2.21). Hacerlo todo sin murmuraciones y contiendas (Filipenses 2.14). Los soldados que discuten con sus superiores en cuanto a autoridad, terminan en el calabozo.*
>
> *Aferrarnos a la palabra de vida. «Asidos de la palabra de vida, para que en el día de Cristo yo pueda gloriarme de que no he corrido en vano, ni en vano he trabajado» (Filipenses 2.16).*

Jesucristo murió en la cruz para romper las barreras que dividían o causaban separación. La muerte de Cristo fue necesaria para traer reconciliación y matar o destruir las enemistades entre los pueblos. Todo pastor o ministro que rehusa unirse al glorioso Cuerpo de Cristo para colaborar en la obra del ministerio es culpable de blasfemar contra el sacrificio del calvario. Sus acciones declaran públicamente: *La cruz no fue suficiente para que yo me una. La cruz no me mueve a obedecer, ni la oración de Jesús, para que yo haga la paz. Mi obra es más importante para mí que la obra del Señor.*

> *Porque Él es nuestra paz, que de ambos pueblos hizo uno, derribando la pared intermedia de separación, aboliendo en la carne las enemistades, la ley de los mandamientos expresados en ordenanzas, para crear en sí mismo de los dos un solo y nuevo hombre, haciendo la paz, y mediante la cruz reconciliar con Dios a ambos en un solo Cuerpo, matando en ella las enemistades.*
>
> *Y vino y anunció las buenas nuevas de paz a vosotros que estabais lejos, y a los que estaban cerca; porque por medio de Él los unos y los otros tenemos entrada por un mismo Espíritu al Padre.*
>
> Efesios 2.14-18

## Oración de victoria

Y en el día que Jehová te dé reposo de tu trabajo y de tu temor y de la dura servidumbre en que te hicieron servir, pronunciarás este proverbio contra el rey de tu ciudad (espíritu territorial) y dirás: El Señor ha quebrantado y destruido la vara de autoridad de los impíos y sus principados. El que trajo estrago y destrucción a los pueblos con su ira, es ahora puesto en fuga por la autoridad de Jehová de los ejércitos. El Señor trae paz y reposo a toda la tierra, y cantamos alabanzas a Jehová en gratitud por la victoria de su pueblo (Isaías 14. 3-7).

# Movilizar a la Iglesia
# a través de la oración

*El día veinticuatro del mismo mes se reunieron los hijos de Israel en
ayuno, y con silicio y tierra sobre sí. Y ya se había apartado la descendencia
de Israel de todos los extranjeros; y estando en pie, confesaron sus pecados,
y las iniquidades de sus padres.*

*Y puestos de pie en su lugar, leyeron el libro de la ley de Jehová su
Dios la cuarta parte del día, y la cuarta parte confesaron sus pecados y
adoraron a Jehová su Dios. Luego se levantaron y clamaron en voz alta a
Jehová su Dios.*

Nehemías 9.1-4

En febrero de 1997 viajaba desde Colorado Springs a la ciudad
de Santa Cruz, Bolivia. Los líderes del Templo Bíblico en esta última
ciudad me habían invitado a dictar un seminario sobre guerra espiritual y oración. Para esta iglesia de trasfondo conservador y pionera en
la ciudad, este tema era algo nuevo. Sus líderes habían estado en
Panamá para el congreso continental «Latinoamérica 2000». Allí
habían tenido la oportunidad de enterarse del despertar espiritual en
el continente y tenían en su corazón el deseo de traer ese despertar a
su congregación y a su ciudad.

Desde que salí de Miami, el Señor me estaba dando revelaciones de lo que quería hacer en el continente y cuál era el papel que Él tenía para mi como parte de ese plan. Allí en aquel avión de American Airlines y a más de treinta mil pies de altura, el Señor comenzó a indicarme que deseaba que las ciudades y naciones clamaran a Él en arrepentimiento por los pecados de previas generaciones y que le adoraran en reuniones masivas en todas las ciudades del continente. Mis anteriores experiencias en la ciudades de Cali en Colombia y Maracaibo en Venezuela, eran el modelo de lo que Dios me estaba llamando a hacer.

El viaje a Santa Cruz hace una parada en la ciudad de La Paz. Mientras descendíamos sobre esta ciudad, el Señor me habló al corazón, diciéndome que Bolivia era una de las naciones clave para el avivamiento en el continente. El altiplano andino era el centro de la idolatría y el sincretismo bajo los que la mayoría de Latinoamérica está subyugada. Sentí profundamente en mi corazón que Dios tenía algo grandioso preparado para los moradores del altiplano pero que todavía no era la hora.

Antes de viajar a Santa Cruz había investigado que la ciudad estaba en los llanos orientales del país y que era una zona rica en ganadería, agricultura e industrias. Además, la ciudad estaba situada aproximadamente a unas tres horas de Samaipata, lugar que había sido el más importante para los rituales de sacrificio de los Incas en el sur de la cordillera andina. El Señor me habló, diciéndome: Antes del seminario, quiero que vayas a Samaipata y rompas los pactos de sangre con los que los moradores profanaron la tierra en tiempos pasados.

En La Paz abordó el avión en que viajaba el hermano Bernardo Salcedo, director para Latinoamérica del movimiento Amanecer (DAWN). Bernie, como lo llamamos afectuosamente sus amigos, se sentó conmigo y comenzamos a platicar sobre los planes de Dios. El Señor similarmente le había estado hablando acerca de movilizar a la Iglesia latinoamericana en su área de investigación y en la plantación de iglesias. Allí, con lápiz y papel, comenzamos a soñar. Vigilias masivas de oración y ayuno, marchas de oración, caminatas de oración, jornadas de oración, expediciones de oración, conciertos de oración, actos proféticos, cuarteles de oración. Luego evangelismo masivo de ciudades, regiones y naciones, los cuales producirían la plantación de iglesias en áreas no alcanzadas.

No creo que fue casualidad que el Señor me llevara a Santa Cruz, donde tres meses antes se había celebrado COICOM 96, y que su presidente fuera el hermano Raúl Justiniano, un miembro activo de la congregación que me había invitado a dar el seminario. Un día después de la reunión de dicha organización, había nacido la idea de lograr en Santa Cruz una estrategia o un plan de movilización para impactar a todo el continente y producir una gran cosecha a través de la evangelización.

Al arribar a la ciudad pedí a los pastores que me llevaran a Samaipata. Al siguiente día, 27 de febrero, partimos rumbo a dicho lugar cuatro pastores y líderes de la iglesia. Conversando por el camino, me di cuenta de que no les había mencionado los motivos de nuestra expedición. Hasta este momento pensaban que era un viaje turístico, y grande fue su sorpresa cuando les informé que el Señor me enviaba a orar en aquel lugar y romper maldiciones de pactos de sangre que se habían hecho en ese sitio. Vale decir que ellos habían visitado Samaipata anteriormente, pero nunca se les había ocurrido hacer guerra espiritual en aquel lugar. Allí le dimos siete vueltas al altar de los sacrificios y luego nos subimos justo en el sitio donde la sangre de sacrificios fluía. Unidos en oración, rompimos maldiciones del pasado, ungimos el sitio con aceite en un acto profético de limpieza espiritual y declaramos un nuevo pacto para toda la nación con el Rey de Reyes y Señor de Señores. Después de orar por los alrededores del sitio regresamos a Santa Cruz para dar comienzo al seminario.

Uno de los temas que compartí en aquella ocasión fue el llamamiento verdadero a la Gran Comisión como un llamamiento a ejercer dominio y tomar posesión de la tierra que Dios nos daba. Raúl Justiniano estaba allí presente y justamente llegaba de Los Ángeles, en donde había acabado de reunirse el comité ejecutivo con varios líderes nacionales para dar nacimiento a lo que hoy día llamamos el «Plan mil días».

Fue entonces cuando Raúl me pidió que comenzara a laborar junto a otros líderes, orar y ayunar a Dios en busca de su dirección para dicho plan. Ya se estaba gestando el proyecto de movilizar a la Iglesia del Señor en Hispanoamérica para unir al liderazgo e impartir así una visión de oración y evangelización masiva. La estrategia que el Señor me dio era la que vemos en Nehemías 9.1-3 y en Joel 2.12-17.

> *Por eso pues, ahora, dice Jehová, convertíos a mi con todo vuestro corazón, con ayuno y lloro y lamento.*
>
> *Rasgad vuestro corazón, y no vuestros vestidos, y convertíos a Jehová vuestro Dios; porque misericordioso es y clemente, tardo para la ira y grande en misericordia, y que se duele del castigo. ¿Quién sabe si volverá y se arrepentirá y dejara bendición tras de Él, esto es, ofrenda y libación para Jehová vuestro Dios?*
>
> *Tocad trompeta en Sion, proclamad ayuno, convocad asamblea. Reunid al pueblo, santificad la reunión, juntad a los ancianos, congregad a los niños y a los que maman, salga de su cámara el novio, y de su tálamo la novia.*
>
> *Entre la entrada y el altar lloren los sacerdotes ministros de Jehová, y digan: Perdona, oh Jehová, a tu pueblo, y no entregues al oprobio tu heredad, para que las naciones se enseñoreen de ella. ¿Por qué han de decir entre los pueblos: Dónde está su Dios?*
>
> Joel 2.12-17

Desde entonces hemos estado viajando por toda Latinoamérica movilizando a la Iglesia de Cristo en ayuno y oración como parte del Plan Mil Días. Hemos tenido grandes y maravillosas victorias. En enero de 1998, el pastor Guido Luis Núñez organizó su evento anual de nueve horas de poder. Hubo algo muy diferente. En años anteriores el evento se había celebrado en la iglesia de Asambleas de Dios, en Moravia. Con el apoyo de Enlace Televisión y en particular del reverendo Jonás González, se celebró en el Estadio Nacional y fue transmitido a veintidós naciones de Latinoamérica. Se logró una asistencia de más de veinticinco mil personas a este «concierto de oración», en el cual se siguió el patrón de Nehemías 9.

En febrero de 1998, celebramos el Primer Congreso de Oración y Guerra Espiritual, en Ciudad de Panamá. El congreso concluyó con un concierto de oración en el estadio Artes y Letras, con una asistencia de aproximadamente siete mil personas. Al mes siguiente, y como parte del Plan Mil Días, tuvimos otro congreso de oración y guerra espiritual en la ciudad de Maracaibo, en Venezuela, el cual concluyó con la segunda vigilia de oración y en el que participaron unas tres mil personas.

En abril, celebramos un seminario de oración en San José, Costa Rica y oficialmente lanzamos el Plan Mil Días por medio de Enlace Televisión. A la noche siguiente celebramos la primera vigilia de oración continental por televisión, la cual transmitida a más de veinte naciones de Latinoamérica.

Días después, el 9 de abril, celebramos la vigilia de oración en la ciudad de Cali, Colombia. Más de cuarenta y cinco mil personas llenaron el estadio y otras diez mil escuchaban desde afuera. ASMICEV auspició el evento, como parte del Plan Mil Días y contó con la participación de los pastores Collin Crawford, Randy MacMillan, la hermana Ruth Ruibal y yo, así como con los pastores de la ciudad y el presidente de la asociación de pastores, el hermano Roosevelt Muriel. Esa misma noche el reverendo Pedro Ferreira convocó a más de treinta mil personas en la ciudad de Lima, Perú. En Cúcuta, Colombia se congregaban también más de diez mil personas. El movimiento de oración en nuestro continente está arrasando. ¡Gloria a Dios!

Podría llenar un libro con ejemplos de lo que Dios está haciendo en nuestro continente. Dios está levantando hombres y mujeres con una visión para sus ciudades y naciones que está impactando a todo el continente. Debo mencionar entre ellos a los coautores de este libro, así como también al pastor Neyo Pin, en Guayaquil, Ecuador; Guido Luis Núñez, en San José, Costa Rica; Felipe González, en Toronto, Canadá; Joel Escobar, en Los Ángeles, California; Raúl Guido Ávila, en Caracas, Venezuela; Pedro Ferreira, en Lima, Perú; Roosevelt Muriel y Ruth Ruibal, en Cali, Colombia; Lucas Márquez, en Valparaíso, Chile; Raúl Justiniano, en Santa Cruz, Bolivia; Víctor Lorenzo, en Buenos Aires, Argentina; Luciano Padilla y David Greco, en Nueva York, Estados Unidos; Harold Caballeros, en Guatemala; y muchos otros más. Ejemplos como los que veremos en este capítulo y los siguientes nos muestran que por medio de la oración podemos transformar nuestras ciudades y naciones.

## Almolonga, Guatemala

*¿No se convertirá de aquí a muy poco tiempo el Líbano en campo fructífero, y el campo fértil será estimado por bosque? En aquel tiempo los sordos oirán las palabras del libro, y los ojos de los ciegos verán en medio de la oscuridad y de las tinieblas. Entonces los humildes crecerán en alegría en Jehová, y aun los más pobres de los hombres se gozarán en el Santo de Israel. Porque el viento será acabado, y el escarnecedor será consumido; serán destruidos todos los que se desvelan para hacer iniquidad, los que hacen pecar al hombre en palabra; los que arman lazo al que reprendía en la puerta, y pervierten la causa del justo con vanidad. Por tanto, Jehová, que redimió a Abraham, dice así a la casa de Jacob: No será ahora avergonzado Jacob, ni su rostro se pondrá pálido; porque verá a sus hijos, obra de mis manos en medio de ellos, que santificaran mi nombre; y santificarán al Santo de Jacob, y temerán al Dios de Israel. Y los extraviados de espíritu aprenderán inteligencia, y los murmuradores aprenderán doctrina.*

Isaías 29.17-24[1]

---

1. Palabra dada por el doctor Héctor Torres a la comunidad de Almolonga el 31 de octubre de 1998.

Una de las regiones reconocidas como una «comunidad transformada» es la ciudad de Almolonga, en Quelzaltenango, Guatemala. Esta comunidad situada al oeste del país, ha estado viendo y disfrutando un despertar espiritual único en su género. La comunidad de Almolonga es llamada por nativos y extranjeros «La Hortaliza de América» y «El Jardín de Dios». Desde el techo de la iglesia El Calvario pude observar las gigantescas y pintorescas hortalizas con sus múltiples matices verdes. Los terrenos a orillas del río Samalá están siendo explotados para el cultivo de vegetales como la zanahoria, el repollo, la cebolla, la lechuga y otras variedades que no sólo son de inigualable calidad, sino que sus tamaños son tres, cuatro y cinco veces más grandes que el normal. Las entradas monetarias de las ventas de estos cultivos han tornado a esta comunidad próspera y bendecida. Mas no siempre fue así. Hace poco tiempo, en la conferencia Light The Nations [Ilumina las naciones], en la ciudad de Dallas, Texas, se me acercó un hermano de estatura baja y ancho porte, que se me identificó con el nombre de Mariano Riscajche, de Almolonga. Inmediatamente supe que se trataba del hombre que Dios había usado para iniciar los cambios milagrosos en esta ya reconocida comunidad. Cuando este siervo de Dios fue milagrosamente tocado por Dios y liberado del yugo del alcohol y la idolatría, una nueva etapa dio comienzo en su comunidad. Al ver las promesas de Dios hacerse reales, muchas almas eran liberadas de posesiones demoníacas; sanidades comenzaron a ocurrir a quienes por años habían padecido de diferentes males. Hernias, úlceras, diabetes, epilepsias y muchos males más, fueron erradicados por la sanidad divina del poder de las Buenas Nuevas de Jesucristo. Cientos de individuos entregados al vicio del alcohol y el crimen eran al instante liberados de esos yugos. Al abandonar la hechicería, la idolatría y el vicio estaban estableciendo una nueva era de bendición y prosperidad para la colectividad. La palabra profética de Isaías se hacía real en Almolonga. El pastor Riscajche me trajo una gran bendición al dejarme saber que mi libros

*Derribemos fortalezas* y *Desenmascaremos las tinieblas de este siglo*, le habían sido de gran bendición y ayuda para su ministerio en esa ciudad. El día 31 de octubre de 1998 más de diez mil personas de ciento diez naciones de los cinco continentes nos congregamos para celebrar una cruzada evangelística en Almolonga. Miles de extranjeros participantes en el congreso mundial denominado «Del mundo a Guatemala y de Guatemala al mundo», habíamos coincidido en esta pequeña comunidad para ser partícipes y observar las bendiciones del Señor para la ya renombrada Almolonga. En medio de un continuo aguacero producto de la devastadora tormenta tropical Mitch, que en 1998 azotó a Centroamérica, todos los asistentes nos unimos en un concierto de oración planeado por Dios, en donde por más de dos horas clamamos al Señor, en arrepentimiento identificable, por nuestros pecados y los de nuestros antepasados, declarando allí un nuevo pacto por boca de moradores del mundo entero. A petición del pastor Rascajche, dirigí esta intensa intercesión a Jehová de los Ejércitos. Fue allí donde el Señor me dio la palabra profética de Isaías para esta comunidad. Las aguas de la lluvia corrían como quebradas torrenciales en medio de los asistentes; sin embargo todos permanecimos firmes, participando de la intercesión y recibiendo la poderosa palabra de Dios. La intercesión precedió a la ministración de la Palabra por parte del mundialmente conocido evangelista Carlos Annacondia. Tanto en la ciudad de Dallas como en Almolonga tuve el privilegio de servirle de intérprete del español al inglés, y el Espíritu Santo se derramó en una forma gloriosa. Cientos de habitantes de las ciudades circunvecinas se entregaron a Cristo y recibieron sanidades de numerosas enfermedades. El impacto en el ámbito espiritual fue de inmediato observable, y el efecto a los principados de esa región se hizo sentir rápidamente. En el viaje de regreso a Ciudad de Guatemala, hubo varios accidentes en los ómnibus que transportaban a los participantes. Por fortuna ninguno fue trágico.

A la mañana siguiente nos enteramos de que una avioneta con

doce misioneros que aterrizaba en Quelzaltenango, había sufrido un accidente y once de ellos perecieron. La causa y el efecto que la oración produce es fácilmente notable cuando podemos observar el contraataque del enemigo para intimidar al ejército de Dios y obstaculizar el plan de Dios para nuestras comunidades.

«Antes de que el poder de Dios llegará a mediados de los setenta y después, cuando se reportó que el noventa por ciento de los diecinueve mil residentes eran ya cristianos nacidos de nuevo». El contraste es palpable y real para todos aquellos que recuerdan cómo, hace veinticinco años, los demonios, la pobreza, la enfermedad, la idolatría y el alcohol dominaban esta región y sus habitantes. Algunos llaman a Almolonga «La Ciudad Milagrosa», por la radical reforma de su cultura Quiché (descendiente de los Mayas). La ciudad es un ejemplo de primera línea para todo el mundo al respecto de cómo la intercesión, la guerra espiritual y el evangelismo pueden transformar una comunidad. *Vida Cristiana*, sep. y oct. de 1998, p. 18.

## Batán, Argentina

Recientemente recibimos el siguiente reporte del hermano Matt Nichols, pastor de la Iglesia Bautista en Charlestown, Australia:

»Un equipo de veinticinco australianos, entre los cuales me encontraba yo, tuvimos la oportunidad de colaborar en Argentina con el equipo del hermano Edgardo Silvoso. Mi oración es que después de leer estas líneas el Espíritu Santo te hable acerca de lo que Dios quiere hacer en tu comunidad y cómo puedes ser instrumento de Dios para su obra.

»Nuestro equipo fue enviado a ministrar en la ciudad de Batán, una pequeña ciudad de dieciocho mil habitantes, situada aproximadamente a unos veinte minutos de la ciudad de Mar del Plata.

»Batán es una población pobre en la que la mayoría de los pastores tiene que trabajar en un empleo secular para sostener a su congregación. Hay trece iglesias en Batán. Cuando arribamos a la ciudad, habían ocho iglesias comprometidas en alcanzar a su ciudad para Cristo. Durante el transcurso de los diez días que allí permanecimos, dos pastores más se unieron a nuestro esfuerzo evangelístico.

»La iglesia de la ciudad consistía de unos seiscientos u ochocientos miembros activos. Muchos de ellos empeñados en ganar a su comunidad para el Señor. Ya Dios había preparado con anterioridad sus corazones, y unidos habían comenzado a orar y a buscar el rostro de Dios para que les diera una estrategia en su empeño. El Señor les mostró ir a las entradas de la ciudad y clavar estacas con escrituras de promesa para la ciudad. Esto era un acto profético en el que se hacía una declaración de posesión del territorio.

»Tuve el privilegio de participar en algo que solamente puedo describir como un milagro de Dios, que ocurrió en los diez días posteriores.

»En diez días, más de mil personas recibieron a Cristo como su Señor y Salvador. La iglesia creció a mil ochocientos miembros. La gente se entregaba al Señor porque la iglesia se había lanzado a las calles con equipos de alabanza, equipos de oración y equipos de evangelismo. Muchos que necesitaban oración se entregaban de inmediato al Señor. Todos los que hicieron profesiones de fe están siendo discipulados y están ahora compartiendo las buenas nuevas con sus vecinos y familiares. La iglesia continúa creciendo.

»¡Muchos milagros! Vimos personas sanadas de numerosas y diversas enfermedades. Entre ellas, un joven que se estaba muriendo de leucemia; sus ojos y labios estaban negros y su piel deteriorada. Uno de los pastores impuso sus manos sobre él y le oró. A la mañana siguiente el padre del joven corrió a la casa de uno de los pastores. Los ojos y la piel de su hijo habían sido sanados. Llevó a su hijo a los doctores y estos no podían creer lo que veían. Ellos exclamaron: «¡Increíble! ¡Su hijo esta totalmente sano!»

»Se establecieron numerosas casas de oración. Donde algunas personas ofrecieron sus casas como lugar de oración por sus vecindarios y por sus vecinos para que fueran bendecidas por el Señor. Ellos consagraban y dedicaban sus casas al servicio del Señor. En la semana en que esto fue hecho, el Espíritu Santo se derramó sobre aquellos hogares. Muchos matrimonios fueron reconciliados, hubo sanidades milagrosas y muchos llamaron a las estaciones de radio para reportar que sus vecinos inconversos sentían la presencia de Dios tan fuertemente que caían de rodillas en arrepentimiento, pidiendo recibir a Jesús.

»El poder de la adoración y la alabanza fue claramente evidente cuando los equipos ministraban al Señor por todos los vecindarios y muchas personas salían de sus casas a las calles pidiendo oración y recibiendo a Jesús en sus corazones. Recordamos a 2 Crónicas 20 cuando Dios confundió el campamento del enemigo y el pueblo de Dios tomó el botín de su adversario».

El proceso de tomar nuestra comunidad para Cristo es justamente eso: Un proceso. No ocurre como un hecho o un programa nuevo. Su ciudad será alcanzada para Cristo cuando los hermanos habiten juntos en armonía, porque como declaró el salmista: «Porque allí envía Jehová bendición, y vida eterna» (Salmo 133).

La ciudad de Batán continúa su despertar. Más de quinientas personas que se habían apartado de los caminos del Señor, han regresado. Han llegado reportes de personas que caminando por la calle, han caído postradas con lágrimas de arrepentimiento al Señor. El alcance de comunidades es un proceso continuo, pero ordenado por Dios. Somos ordenados a ir y hacer discípulos. La Iglesia por las calles.

*En cualquier casa donde entréis , primeramente decid: Paz sea a esta casa.*

*Y si hubiere allí algún hijo de paz, vuestra paz reposará sobre él; y si no, se volverá a vosotros.*

*Y posad en aquella misma casa, comiendo y bebiendo lo que os den; porque el obrero es digno de su salario. No os paséis de casa en casa.*

*En cualquier ciudad donde entréis, y os reciban, comed lo que os pongan delante; y sanad a los enfermos que en ella haya, y decidles: Se ha acercado a vosotros el Reino de Dios.*

Lucas 10. 5-9

En los anteriores versículos, Jesús nos enseña cuatro principios elementales para el alcance en una ciudad:

1. Bendecir a la gente en el nombre del Señor (versículo 5).

2. Establecer relaciones con los inconversos (versículo 7).

3. Creer en Dios para cubrir las necesidades de las personas (versículo 9).

4. Predicarles las buenas nuevas del evangelio (versículo 9).

Jesucristo nos reta a buscar a la oveja descarriada. Sus ojos están mirando a los perdidos y nuestros ojos similarmente deben estar enfocados en los perdidos, a los que veremos con una mirada de compasión y misericordia.

# Segunda parte

## *Luz en las tinieblas*

# La Paz y Potosí:
# Despertar en el Altiplano

*Por: Luis Fernando Orihuela Salcedo*

*Bolivia, pequeña y despreciada entre las naciones pero grande y amada en mi corazón (Profecía dada por Dios en 1972).*

Históricamente la nación de Bolivia ha sido considerada como una de las más pobres del continente. No tiene acceso directo al mar, y por ello su progreso económico ha sido marginado. La nación es la mayor productora de la coca, planta de la que se extrae la cocaína. Dicha producción es promovida en gran medida por el Gobierno lo que ha sido fuente de un alto nivel de corrupción hasta en los más altos niveles.

Durante la última década, la iglesia ha visto un rápido crecimiento y en la ciudad capital de La Paz se encuentra una de las iglesias más grandes y crecientes de todo el Cono Sur. Un despertar espiritual está ocurriendo en esta nación profundamente arraigada y hundida en la idolatría y la tradición. Bolivia es un modelo de lo que George Otis Jr. en su libro *The Twilight Labyrinth* [Laberinto al atardecer], llamaría «cristianismo helenista», es decir un sincretismo que se logra cuando la religión de los conquistadores se adapta a la religión de la cultura prevaleciente.

En el mes de mayo de 1998 pudimos organizar en la ciudad de La Paz la Primera Conferencia Internacional de Intercesión y Guerra Espiritual. Fue la primera vez que se reunían con este propósito hermanos de seis naciones vecinas (incluyendo Estados Unidos) y representaciones de siete de los nueve departamentos de Bolivia. La enseñanza y la oración fueron aquí algo sin precedentes. Un hecho hermoso fue la reconciliación entre Chile y Bolivia que se produjo en el mismo encuentro. Sabemos que se dio una palabra profética que todavía no la hemos visto cumplida pero que pronto el Señor la hará luz. Más de seiscientos pastores y líderes de las naciones circunvecinas llegaron para participar en el congreso. Antes del evento el Señor le dio una palabra profética al doctor Héctor Torres en el sentido de que Bolivia sería estremecida. Durante el encuentro cuarenta y cinco temblores de tierra sacudieron la nación. Algunos de ellos de más de seis puntos en la escala Richter.

En el curso del congreso se hizo una intercesión intensa para lograr detener la celebración de un acontecimiento llamado «La entrada del Gran Poder». Este evento anual atrae a miles de espectadores y participantes de todo el mundo. Vienen a tomar parte de una peregrinación de los pueblos quechuas y aymaras, los cuales se congregan para dar la bienvenida a la «Reina del Cielo», conocida como la «Pachamama». El evento estaba programado para el día 30 de mayo.

Por causa de las numerosas víctimas de los terremotos en la región de Cochabamba las autoridades locales negaron el permiso a los organizadores, causando una gran confrontación entre estos y las autoridades. Intensificamos nuestra intercesión, y en la mañana del viernes 29 de mayo las noticias titulares del principal periódico de la nación decían: «El Gran Poder Retrocede». Los organizadores habían pospuesto el evento para una futura fecha. En la noche del cierre del congreso de intercesión, los pastores acordaron hacer un «concierto de oración». La fecha dada fue el día 4 de julio. Mientras esto ocurría, las autoridades locales sugirieron a los organizadores del «Gran Poder» efectuar su festejo el día 27 de junio. Estos rehusaron y decidieron hacerlo el día 4 de julio. ¿Coincidencia? Creemos que no. El enemigo estaba lanzándole a la Iglesia de La Paz un reto de confrontación de poderes para ese día.

Al llegar el día programado, la iglesia se reunió en un estadio para clamar a Dios por su ciudad y su nación, en un proceso de arrepentimiento identificativo con grandes resultados. El suceso del «Gran Poder» no tuvo el impacto ni la asistencia de años anteriores. Las autoridades municipales no permitieron la venta de licores y la Iglesia Católica no autorizó el uso de su imagen para la procesión. Por tal motivo más de veinticinco mil bailarines rehusaron participar en el festejo. Creemos que logramos una gran victoria sobre las huestes del infierno. A partir de la toma de la ciudad, se ha formado la Red Nacional de Intercesores, ministerio que busca reunir a pastores y hermanos de toda la nación para que formen una red de oración continua. En la actualidad dicha red cuenta con representaciones en cinco departamentos del país.

Hemos organizado reuniones con pastores y seminarios en Cochabamba, Oruro, Potosí y Tarija. La cartografía espiritual ha sido terminada en La Paz, y está en desarrollo en otras ciudades. En octubre de 1997, el Señor nos dio una palabra para enfrentar a la «Reina del Cielo» (Isaías 47). Este texto ha sido una poderosa arma en nuestras manos.

Potosí: Una guerra en lugares altos «¿Quién eres tu, oh gran monte? Delante de Zorobabel serás reducido a llanura; El sacará la primera piedra con aclamaciones de Gracia, gracia a ella» (Zacarías 4.7).

Otro fruto fue la incursión en oración de la ciudad de Potosí. Potosí (cuyo nombre original es La Villa Imperial) fue fundada a los pies del legendario Cerro Rico o «Sumack Orko». Este peculiar cerro era explotado desde la época del reinado del inca Huayna Capac. Se puede verificar que a los pies de esta montaña existía un poblado denominado Kantumarca, de marcado origen aymara-tiwanakota. En 1544 el peruano Diego Huallpa, al conocer la explotación que hacían indígenas que vivían en el cerro, divulgó la noticia en el bando español. Una vez llegados los iberos a Potosí, sus pobladores comandados por el cacique Chaqui Katari ofrecieron resistencia armada para impedir la explotación de su cerro (abril de 1545). La fundación de esta ciudad a diferencia de otras ciudades de Bolivia, careció de una ceremonia formal, fue apresurada y con una desenfrenada ansia de explotación. El censo que se levantó en 1572 (a menos de treinta años de ser fundada la ciudad) arrojó una población de ciento veinte mil habitantes; por encima de Sevilla y muchas otras ciudades europeas. La producción de la plata la hicieron los mitayos, pagando un precio muy alto por ello. Para poder trabajar en las minas, los mitayos fueron sometidos al «acullico» (masticación) de las hojas de coca, como una forma de drogadicción. Esta era una práctica incaica reservada solo a los sacerdotes. Mas al llegar los españoles a América y considerar a la hoja de coca como una panacea capaz de reemplazar la alimentación, eliminar el espíritu de lucha y que convertía a los hombres en poco menos que unas máquinas de fuerza y pulmón, su medida inmediata fue masificar el consumo de estas hojas.

Antonio de León Pinelo, autor de *El paraíso del Nuevo Mundo* (1650), basándose en las cifras ofrecidas por Luis Capoche, sostiene puntillosamente que con la plata extraída del cerro podría haberse hecho un puente o camino de dos mil leguas de largo por catorce varas de ancho y cuatro dedos de espesor, que llegaría hasta España. La riqueza extraída del cerro llegó a dar a esta ciudad la fama de la meca del comercio español en aquel período.

Algunos historiadores han llegado a estimar en doce millones los indios mitayos muertos en las minas o por su trabajo en las minas, durante los años de la explotación española.

Después que terminó la «fiebre de la plata», la ciudad de Potosí quedó en una situación desolada. Su antigua gloria desapareció; el lugar de donde salieron tantas riquezas para Europa y que labró muchas formas de vida en todo el continente, simplemente desapareció.

Una de las prácticas puntuales en las minas del Altiplano boliviano es el culto al «Tío». El Tío es una representación del diablo a quien se le rinden sacrificios y ofrendas con frecuencia. La razón es simple, se cree que el diablo es el dueño de las riquezas de la mina y la única autoridad. Esta fuerte creencia ha contaminado toda estructura de fe en la ciudad de Potosí y en otras ciudades cercanas. La Iglesia cristiana lamentablemente no ha experimentado un crecimiento consistente en más de cien años de predicación. En Potosí se manifiestan características típicas de aquellas ciudades que se han entregado a la idolatría, incredulidad, indiferencia, ocultismo y pobreza. Hay fortalezas espirituales que gobiernan toda la ciudad y la masonería también ha influenciado toda su estructura.

En el pasado ha sido muy difícil poder lograr alguna clase de impacto espiritual para esta ciudad. Se puede sentir la opresión y el control demoníaco en toda ella. El cerro Potosí ha influido no solamente en esa ciudad, sino en todo nuestro país y aun en el continente. Estamos convencidos de que Satanás ha establecido un fuerte trono territorial en este lugar y que se mantiene en control del mismo a través del culto a la Candelaria, la «Reina del Cielo», también conocida como la Virgen de Copacabana, en la que se centra todo el culto idolátrico de la nación.

Pero el Señor permitió hacer algo ahora por intermedio de un grupo de hermanos de otros países, entre los que estaban Héctor Torres y Víctor Lorenzo; el hermano Orlando Nutt, misionero de las

Asambleas de Dios que vive en la cercana ciudad de Sucre; la hermana Nazareth, preciosa sierva del Brasil que trabaja en la rehabilitación de alcohólicos en Sucre, y algunos pastores locales y yo desde la ciudad de La Paz.

La primera etapa del viaje consistió en ir por vía aérea hasta la ciudad de Sucre (primera ciudad fundada en nuestro país), ya que los vuelos hasta Potosí han sido suspendidos desde tiempo atrás. Inmediatamente después de nuestro arribo a Sucre, partimos hacia la ciudad de destino en dos vehículos. El viaje duró unas dos horas y media; nuestro ascenso fue desde los dos mil novecientos metros hasta los cuatro mil, en Potosí. En el momento de entrar a la ciudad, el Señor le indicó al hermano Héctor Torres el libro de Hageo para Potosí y dijo que Él levantaría a la iglesia de ese lugar con el espíritu de Zorobabel. Ese mismo día daba el Espíritu Santo la Escritura de Zacarías 4.7 a las guerreras de intercesión en la ciudad de La Paz, mientras intercedían por nuestra expedición de oración.

Eran aproximadamente las 15:45 del 28 de mayo cuando empezamos el ascenso a Cerro Rico. Por primera vez un grupo de creyentes tan representativo, con palabra profética y con el apoyo de la oración de mucha gente en la ciudad de La Paz, Cochabamba, Sucre y Oruro, y después de haber orado por más de un año por este momento, juntos emprendían un viaje hacia el lugar donde nunca antes se había podido orar.

Después de casi veinte minutos llegamos a una bocamina o socavón. Allí nos dieron los accesorios de seguridad para el ingreso; cascos, botas, lamparines y chamarras. Hubo un corto tiempo de oración, pidiendo la protección de Dios, y el hermano Héctor Torres compartió la lectura del libro de Josué.

> *Y los cinco reyes huyeron, y se escondieron en una cueva en Maceda.*
> *Y fue dado aviso a Josué que los cinco reyes habían sido hallados escondidos en una cueva en Maceda.*
> *Entonces Josué dijo: Rodad grandes piedras a la entrada de la cueva,*

*y poned hombres junto a ella para que los guarden; y vosotros no os detengáis,
sino seguid a vuestros enemigos, y heridles la retaguardia, sin dejarles entrar
en sus ciudades; porque Jehová vuestro Dios los ha entregado en vuestra
mano ... y sacaron de la cueva a aquellos cinco reyes ... Y cuando los
hubieron llevado a Josué, llamó Josué a todos los varones de Israel, y dijo a
los principales de la gente de guerra que habían venido con él: Acercaos, y
poned vuestros pies sobre los cuellos de estos reyes. Y ellos se acercaron y
pusieron sus pies sobre los cuellos de ellos. Y Josué les dijo: No temáis, ni os
atemoricéis; sed fuertes y valientes, porque así hará Jehová a todos vuestros
enemigos contra los cuales peleáis. Y después de esto Josué los hirió y los
mató, y los hizo colgar en cinco maderos; y quedaron colgados en los maderos
hasta caer la noche. Y cuando el sol se iba a poner, mandó Josué que los
quitasen de los maderos, y los echasen en al cueva donde se habían escondido;
y pusieron grandes piedras a la entrada de la cueva, las cuales permanecen
hasta hoy.*

Josué 10.16-27

## Los pastores locales, en oración, ungieron con aceite la entrada a la mina, y luego todos procedimos a ingresar

Los intrincados y estrechos recovecos se matizaban con cortos espacios donde podíamos pararnos erguidos y tratar de respirar con facilidad. Podíamos escuchar el estruendo y la vibración de las explosiones de dinamita del otro lado del cerro. Después de unos doscientos veinte metros, llegamos a la faja del socavón. Casi frente al sitio estaba la imagen del Tío sentado, hecho del material de la misma mina y con las señales típicas de las ofrendas; los cigarros a medio fumar y esa mirada sin expresión alguna.

El Señor guió a nuestro hermano Héctor Torres a orar en inglés para no molestar a los mineros que trabajaban en las cercanías. En la oración se cumplió el texto de Josué y simbólicamente se decapitó al príncipe de ese lugar. Oramos todos, apoyando dicha oración y un rato después procedimos a salir del lugar.

Muy cerca de donde se encontraba el Tío, se encontraba sentado Don Teodoro, un minero que estaba a cargo de explotar la veta y de servir los sacrificios al mismo Tío que había sido decapitado espiritualmente. El hermano Torres, que iba a la vanguardia, se detuvo guiado por el Espíritu Santo para hablar con este minero, utilizando a la esposa de un pastor local como su interprete. Después de una larga conversación con él, el Señor tocó a este hombre y después de recibir el evangelio de los labios del pastor Torres, terminó recibiendo a Jesús como su Señor y Salvador. Esta era la señal que el hermano Torres le había pedido al Señor como confirmación de lo que había ocurrido en el ámbito espiritual.

Es muy difícil poder describir con palabras la opresión que se siente en un socavón de ese cerro. El Señor fue bueno con nosotros y nos dio la victoria. Al salir de esa mina, seguimos marcha hasta la cima del cerro pequeño, que tiene el nombre de Cerro Chico, lugar donde está construida una pequeña iglesia católica y en la cima del templo, la imagen de un Cristo. En diferentes fechas del calendario en ese lugar se hacen sacrificios de animales. Pudimos encontrar allí símbolos satánicos y pequeños altares, a los que procedimos a derribar piedra por piedra. Después, borramos todos los símbolos satánicos, y el Señor nos dio el Salmo 2 para orar en ese lugar, proclamando la soberanía de Dios. Uno de los pastores locales se paró sobre el altar de piedra y declaró proféticamente este Salmo, poniendo literalmente bajo sus pies el altar del enemigo. También en este preciso lugar Simón Bolívar, libertador de cinco naciones, y San Martín, prócer de la independencia de Argentina, allá por 1822, tuvieron un encuentro histórico, y desde el cerro de Potosí juraron a favor de la independencia del continente e hicieron un pacto masónico. El principal problema consistía en que ambos generales eran miembros de la masonería continental y dirigidos por los oscuros fines que ésta busca. Es fácil discernir entonces la implicación espiritual y la maldición que salió para nuestras naciones desde este lugar.

Héctor Torres, en representación simbólica del norte del continente; Víctor Lorenzo por el sur, y mi persona, orando, rompimos
juntos ese pacto y su efecto sobre nuestro amado continente. Los tres
unimos nuestra fe y declaramos el continente bajo un nuevo pacto
consagrado y sellado por la sangre de Cristo. Debo reconocer que este
fue un momento muy emocionante.

Al salir del lugar y contemplando a nuestros pies la ciudad de
Potosí, procedimos a leer todo el libro de Hageo. Después de haber
estado en lugares muy altos, de haber subido a montes y cordilleras y
de conocer el rigor del frío altiplánico, nunca había sentido un viento
tan frío como el que empezó a soplar en ese momento. Héctor Torres,
metido en un hueco en la tierra, leía lo más fuerte posible los versos
del profético libro. Luego Víctor terminó de leerlo y finalizamos
enterrando la página de Hageo, arrancada de la Biblia de nuestro
hermano argentino.

Nuestro descenso del cerro estuvo acompañado de la profunda
satisfacción de un trabajo terminado. Dios es el que, en definitiva
determina esto pero así lo sentimos todos.

A pesar de estar a tanta altura el Señor les dio una fuerza
sobrenatural para cumplir con toda esta ardua tarea a los hermanos
Torres y Lorenzo, y también a los demás extranjeros que formaban
parte del equipo de intercesión. Es difícil hacer un resumen de todo
lo experimentado en este tiempo. Sabemos que Dios tiene un tiempo
para todo y estamos convencidos de que nos encontramos en el
tiempo de Dios. Hay mucho por hacer pero en definitiva no somos
nosotros sino el poder que actúa en nosotros, para su gloria.

# Cali: Ciudad profética de Dios

## Por: Randy y Marcie MacMillan

*Si se humillare mi pueblo, sobre el cual mi nombre es invocado, y*
*oraren, y buscaren mi rostro, y se convirtieren de sus malos caminos; entonces*
*yo oiré desde los cielos, y perdonaré sus pecados, y sanaré su tierra. Ahora*
*estarán abiertos mis ojos y atentos mis oídos a la oración en este lugar.*

2 Crónicas 7.14-15

En mi libro *Desenmascaremos las tinieblas de este siglo,* Editorial
Betania, 1997, capítulo 15, se relata el origen del mover de Dios en
la ciudad de Santiago de Cali, más conocida como Cali, y para sus
moradores como La Sultana del Valle. También en mi libro *Derribemos*
*fortalezas,* Editorial Betania, 1995, capítulo 14, se trata sobre Colombia como un estudio clásico del espíritu de violencia.

El doctor George Otis Jr. en su libro *The Twilight Labyrinth*
[Laberinto al atardecer] escribe acerca de Colombia: «Por muchos
años Colombia ha sido el mayor exportador de cocaína, enviando de

setecientas a mil toneladas anuales a los Estados Unidos y Europa, según los estimados del Departamento de Esfuerzo Antidrogas (DEA). El cartel de narcotráfico de Cali, que llegó a controlar el setenta por ciento de este mercado, fue llamada la más grande, rica y mejor estructurada organización criminal de toda la historia. Empleando una combinación de chantaje e intimidación, ejerció un poder maligno que instó a la corrupción tanto a individuos como a instituciones. Para controlar su manejo los hermanos Gilberto y Miguel Rodríguez Orejuela tenían más de treinta y siete líneas telefónicas en su palacio presidencial».[1]

Como fechas históricas para el movimiento de oración en Colombia, recordamos los días del 23 al 26 de abril de 1991. El doctor C. Peter Wagner y yo fuimos invitados al país por la Confederación Evangélica de Colombia (CEDECOL) y la Asociación de Ministros Evangélicos de Santa Fe de Bogotá (ADME), bajo la atención de mis grandes amigos los pastores Héctor Pardo, presidente de CONELA y Eduardo Gómez, presidente de ADME.

Durante una histórica conferencia de oración, celebrada en la iglesia del doctor Darío Silva, los pastores y líderes fueron retados a unirse en oración para atar los espíritus de violencia y engaño que reinaban sobre la nación. Se rompieron maldiciones hechas por anteriores generaciones y se oró por un despertar espiritual en esa nación. El 25 de abril el periódico *El Tiempo*, el más importante de la nación, destacaba en su primera página: «Colombia no será más una nación Católica». El día 26 de abril concluyó la conferencia, y los pastores oraron unidos por la paz de esa sufrida nación y por el desmantelamiento del entonces poderoso cartel de Medellín.

Indudablemente las oraciones unidas del liderazgo nacional allí representado, dejaron un impacto histórico. El cartel de Medellín fue totalmente desmantelado por el ejército nacional, y Colombia hoy en día vive el despertar espiritual más significativo de todo el continente.

---

1. *The Twilight Labyrinth*, George Otis Jr., Chosen Books, 1997, pp. 299 y 373

Los pastores Randy y Marcie MacMillan, directores de la iglesia Comunidad Cristiana de Fe en Latinoamérica, describen a continuación los eventos que han ocurrido en Cali desde que Colombia cambió su carta de constitución nacional el 24 de abril de 1991.

En Cali comenzó el despertar espiritual cuando el presidente de ASMICEV (Asociación de Ministros Evangélicos del Valle) sintió la necesidad de unir a los pastores en oración para la restauración del Cuerpo de Cristo. Un año antes nosotros habíamos invitado al doctor Héctor Torres a traer un seminario de oración y guerra espiritual a nuestra congregación. Los mensajes fueron después distribuidos a los pastores de la ciudad. El interés por el tema nos llevó a invitar nuevamente al doctor Torres en julio de 1994. De manera similar a lo ocurrido en Bogotá dos años antes, oramos por la paz de Cali y por la mano de Dios en eliminar la corrupción e influencia del cartel de Cali en nuestra ciudad.

Un mes antes habíamos tratado de movilizar a la iglesia de la ciudad para la celebración de la primera Marcha Para Jesús. Los resultados fueron muy pobres y logramos una asistencia de solo trescientos cristianos.

Poco después del Segundo Seminario de Oración y Guerra Espiritual salió a relucir la primera noticia oficial de la infiltración del cartel y corrupción en el gobierno municipal. Se destituyeron ochenta oficiales y suboficiales del Departamento de Policía de la ciudad.

En enero de 1995 las esposas de los pastores de la ciudad comenzaron a reunirse para orar por sus esposos y por la ciudad. Ellas motivaron a sus maridos a reunirse para orar y comenzó una unidad nunca antes vista entre el liderazgo pastoral de la ciudad. Era como si un viento fresco hubiera entrado dentro del cuerpo pastoral de la ciudad. Se establecieron varios comités y se iniciaron las vigilias unidas de oración.

El 30 de abril de 1995 convocamos a la primera vigilia unida. La motivación para la vigilia era levantarnos unidos para militar contra el poder del cartel y las fuerzas invisibles que lo manipulaban. Estábamos cansados de soportar su poder por tanto tiempo. Después de humillarnos ante Dios y ante cada uno de nosotros, simbólicamente extendimos el cetro de Dios sobre nuestra ciudad, sometiendo a esclavitud a la cocaína, la corrupción y la violencia.

Habíamos alquilado un pequeño coliseo. Se esperaba la asistencia de unas cinco mil personas, por lo que todos fuimos sorprendidos cuando más de treinta mil personas se presentaron para orar toda la noche. Fue algo asombroso, jamas se había reunido este numeró de cristianos para un evento y mucho menos para uno de oración. Oramos para atar al «hombre fuerte» sobre la ciudad. El Señor dio una palabra profética para la ciudad, diciendo que «destruiría los tentáculos del cartel de Cali».

Los resultados fueron inmediatos. Cuarenta y ocho horas después de la vigilia, el periódico El País reportaba que Cali había pasado un día entero sin que ocurriera un solo homicidio. Esto era una noticia significativa, ya que en la ciudad comúnmente ocurren numerosos homicidios cada día.

Asimismo, como respuesta a nuestras oraciones y dada la palabra profética del Señor, a los veintiún días llegaron a Cali seis mil soldados del bloque de búsqueda con ordenes de allanar las propiedades de los narcotraficantes. Según los reportes, el cartel era dueño de más de doce mil propiedades en la ciudad.

En algunas de las viviendas se encontraron más de nueve millones de dólares en efectivo, numerosas joyas y tesoros de arte. Pero el más valioso hallazgo fue la información que les permitió más tarde poner a los cabecillas del cartel tras las rejas. En menos de dos meses y gracias a la información obtenida, se entregaron al gobierno tres de los jefes del cartel, mientras que otros tres fueron capturados. Así fue como Dios comenzó la destrucción de los tentáculos del cartel en nuestra ciudad. Los *capos* estaban todos detenidos.

En agosto del mismo año, viendo la manifestación de Dios en respuesta a las oraciones del pueblo unido, convocamos la segunda vigilia de oración. Los pastores de la ciudad dieron un paso de fe y alquilaron el estadio más grande de la ciudad, el Pascual Guerrero.

Esa noche tuvimos la presencia de aproximadamente cuarenta mil cristianos que se unieron en oración. El alcalde de la ciudad, autoridad máxima de Cali, abrió la vigilia dando gracias a Dios por las oraciones de su pueblo. Los resultados de la oración en esta vigilia fueron igual de extraordinarios.

El ministro de Defensa se entregó a la justicia y públicamente pidió perdón a toda la nación por la infiltración del dinero del cartel a la campaña presidencial. Sus declaraciones estremecieron el gobierno nacional y produjeron una serie de renuncias a nivel nacional.

En septiembre del mismo año se convocó a la iglesia para la Marcha para Jesús, y esta vez logramos la participación de más de treinta mil personas. En un año la participación había crecido en un mil por ciento.

El 4 de abril de 1996 celebramos la cuarta vigilia de oración en el mismo estadio. Invitamos al doctor Héctor Torres para predicar en ella acerca de la guerra espiritual. Asistieron más de cincuenta y cinco mil personas. Este acontecimiento fue histórico, puesto que anteriormente ASMICEV nunca había solicitado que se departiera este tema con todo el Cuerpo de Cristo. El Señor le dio una palabra profética a la nación por medio del hermano Torres. Antes de que él comenzara su enseñanza se desató un aguacero torrencial y en medio de la lluvia el hermano Torres declaró de parte del Señor que se trataba de una señal de la limpieza espiritual que haría sobre la nación. Cada gota de agua era una gota de bendición del Señor para la nación. Torres tomó entonces la bandera del país y declaró que desde ese momento sus colores tendrían un nuevo significado para la nación; el amarillo significaría las riquezas que Dios iba a dar a su Iglesia para la predicación del evangelio; el azul significaría una limpieza de los cielos del país a los que abriría deponiendo poderes celestiales entronizados en el país y el color rojo significaba la sangre de Jesús derramada por la nación entera y la sangre de los mártires del país que habían dado su vida por causa del evangelio. Declaró que esta era la simiente que había caído y muerto para producir «mucho fruto». Hoy en día estamos vislumbrando el más grandioso despertar espiritual de la historia de nuestra nación.

Nuestra última oración fue: *Señor, remueve al hombre fuerte de nuestra ciudad.* Tres días más tarde El País decía en su titular: «Hombre fuerte de Cali asesinado por el ejército en Medellín». El artículo reportaba la muerte de José Santacruz, sexto cabecilla del cartel de Cali en la ciudad de Medellín. El anterior escape de este individuo de la cárcel La Picota en Bogotá había causado la desertificación por parte del gobierno de los Estados Unidos.

Los resultados de la vigilia de oración fueron sorprendentes. Durante los meses que siguieron hubo un proceso de limpieza de la corrupción en el gobierno, tal como Dios lo había declarado. El procurador, el contralor y el ministro de gobierno fueron llamados a declarar. El fiscal de la nación fue encarcelado. Siete senadores fueron detenidos y se dio orden de captura para el procurador nacional. Al mes siguiente, la Marcha para Jesús convocó a más de cuarenta mil personas. El desfile fue reconocido por la prensa local como un evento significativo para la iglesia evangélica de la ciudad.

En agosto ocurrieron dos extraordinarios eventos en el acontecer de la Iglesia de nuestra ciudad. Del 13 al 19 del mes los pastores de la ciudad coordinaron unas caminatas de oración por toda la ciudad, llamada «Marcha de Jericó». Por seis días consecutivos los cristianos de la ciudad salimos a las cinco de la mañana en cuarenta autobuses y numerosos automóviles por todas las calles de la ciudad, en oración y declarando las promesas de la palabra de Dios sobre ella. Ungimos las calles con aceite y pedimos un avivamiento para la ciudad. Oramos alrededor de todas las oficinas de gobierno y de las mansiones de prominentes lideres del cartel. El último día le dimos siete vueltas a la ciudad, ungimos y oramos en las puertas de la urbe y terminamos con gritos de victoria frente al estadio Pascual Guerrero.

La noche del 19 de agosto tuvimos la segunda vigilia de oración de ese año. Nuevamente el Señor nos mostró los resultados de la oración ferviente y eficaz de una Iglesia unida.

Durante el mes de septiembre siguiente, el reporte del departamento de policía colombiano daba los siguientes resultados obtenidos después de «limpiar» el país:

- Laboratorios de proceso de cocaína destruidos: 187.
- Pistas clandestinas de aterrizaje para narcotraficantes destruidas: 46.
- Aviones y helicópteros confiscados o derribados por el ejército nacional: 14.
- Subversivos capturados (1.007 nacionales y 45 extranjeros): 1.052.
- Kilos de cocaína confiscados: 28.000.
- Kilos de pasta de cocaína confiscados: 6.000.
- Toneladas de hojas de coca confiscadas: 107.
- Toneladas de marihuana confiscadas: 129.
- Toneladas de pasta de opio confiscadas: 121.
- Kilos de morfina confiscados: 806.

En la última vigilia del año, en el mes de noviembre, ocurrió algo muy impresionante para la ciudad. Nuestra oración corporativa había hecho énfasis en la protección de Dios para nuestra ciudad. La mañana del 6 de noviembre el titular del periódico El País decía: «¡Gracias a Dios no explotó! Desactivan en Cali un carrobomba». En horas de la mañana en un sector industrial las autoridades habían hallado un automóvil con más de setenta libras de dinamita. Todo esto mientras la iglesia oraba en el coliseo.

En diciembre el Cuerpo de Cristo sufrió una gran perdida, cuando varios asesinos balearon al pastor Julio Ruibal frente a los predios de su congregación. La muerte de uno de los más fuertes movilizadores de la iglesia en Cali fue algo que causó gran consternación entre los pastores y nos motivó a unirnos como nunca antes. Esto nos condujo a preparar una estrategia de oración con todos los pastores. Julio Ruibal había derramado su sangre como mártir de la iglesia de Cali para traer unidad y movilizar en oración y el ayuno.

En 1997 continuaron celebrándose las vigilias de oración en el estadio por tres veces en el año. Más de sesenta mil personas llenaron el estadio durante ese año. Los pastores de Cali se reúnen todos los martes para orar por todos los pastores de la ciudad, por la ciudad y por la nación. Se confeccionó una lista de todos los pastores de la ciudad y de sus congregaciones y se distribuyó por todas las iglesias para que fueran entregadas a los cristianos y estos pidieran en sus oraciones por el liderazgo de la ciudad. En junio de ese año el gobernador del departamento de Valle del Cauca, el señor Germán Villegas, recibió públicamente a Jesucristo como su Salvador.

En abril de 1998, nuestra congregación auspició un seminario para los pastores y líderes de la ciudad. Nuestros invitados como conferencistas fueron los doctores Gary Kinneman, Andrew Jackson, George Otis Jr. y Héctor Torres. Estos pastores y ministros de nivel internacional trajeron enseñanzas sobre liderazgo que impactaron a nuestra ciudad. La última noche del seminario, el nueve de abril, celebramos nuestra primera vigilia de oración de ese año con la participación de nuestros invitados.

El hermano Torres guió en intercesión a más de cuarenta y cinco mil personas dentro del estadio (quince mil personas estaban fuera del coliseo). Oramos en arrepentimiento identificativo por los pecados de nuestra nación e hicimos declaraciones proféticas de la palabra de Dios para nuestra ciudad y nuestra nación. El Señor le dio al hermano Torres la palabra profética del libro de Isaías como promesa de Dios para Colombia.

> *¿No se convertirá de aquí a muy poco tiempo el Líbano en campo fructífero, y el campo fértil será estimado por bosque?*
>
> *En aquel tiempo los sordos oirán las palabras del libro, y los ojos de los ciegos verán en medio de la oscuridad y de las tinieblas.*
>
> *Entonces los humildes crecerán en alegría en Jehová, y aun los más pobres de los hombres se gozarán en el Santo de Israel.*
>
> *Porque el violento será acabado, y el escarnecedor será consumido; serán destruidos todos los que se desvelan por hacer iniquidad, los que hacen*

*pecar al hombre en palabra; los que arman lazo al que reprendía en la*
*puerta, y pervierten la causa del justo con vanidad.*

Isaías 29.17-21

El siguiente mes de agosto, la alcaldía de la ciudad llamó a los pastores de Cali para comisionarles una campaña masiva destinada a cambiar los corazones de la población de la ciudad e impactar a la familia. Para llevar a cabo esta campaña, bajo el nombre de «Cali, sos vos», la alcaldía se comprometió a colaborar con recursos económicos y movilizar a la empresa privada para apoyar el masivo proyecto.

La alcaldía creó un puesto de gobierno para ayudar a manejar el proyecto y se comisionó al pastor Álvaro Sinestera y a su asistente Lope Trujillo como los directores. Además, el gobierno municipal le otorgó a ASMICEV el libre uso de todos los escenarios deportivos de la ciudad y el monto económico para la publicidad.

El grupo Santo Domingo, un consorcio empresarial de la región, dio su apoyo total al proyecto, prometiendo el respaldo de la televisión, la radio y la prensa. Uno de los periódicos de la ciudad ofrendó una página entera de la edición de los sábados para ser usada por la Iglesia Evangélica de Cali. Aunque su valor comercial era de cinco mil dólares mensuales, podíamos disponer de ella ¡totalmente gratis!

Podemos entonces declarar: ¡Dios está transformando nuestra comunidad! ¡Gloria a Dios!

La ciudad de Cali es un maravilloso ejemplo de comunidad transformada por el poder de la oración. La asociación de pastores ASMICEV, hombres y mujeres de Dios, como son los pastores Randy y Marcie MacMillan, Ruth Ruibal, Roosevelt Muriel, Farid Larrahondo, Jorge Villavicencio, Lope Trujillo, Álvaro Serna y muchos otros más, han sido un instrumento de Dios para hacer de Cali una ciudad modelo para el mundo entero. Estos pastores y otros más como el hermano Julio Ruibal, han puesto sus vidas en la primera línea de batalla, dispuestos a pagar el precio que Dios demande de ellos para lograr el cumplimiento de la Gran Comisión en su ciudad y transformarla para Cristo.

## ¿Coincidencias? ¿Casualidad? ¿Paranoia?

Satanás está desesperado y ha lanzado un contraataque a los pastores de la ciudad. ASMICEV nos ha notificado de la urgente necesidad de interceder por los pastores de la ciudad. Como retribución del enemigo, hasta donde hemos llegado a conocer, diez pastores de la ciudad han caído en pecado moral durante los últimos doce meses.

En el mes de septiembre de 1998 recibí un correo electrónico de ASMICEV pidiendo nuestra oración. Aparentemente un grupo de satánicos de la ciudad había entrado en batalla espiritual directa contra los pastores. Llamándose hijos de Belcebú y con el pretexto de comprar la residencia, visitaron las oficinas de ASMICEV. Estos dijeron estar orando a Satanás para que los pastores caigan en pecado y la iglesia sea desprestigiada.

Varios hermanos de la ciudad han tenido sueños en los que han visto colecciones de niños colgados del techo de una sola pierna, habitaciones llenas de velas y la foto del presidente de ASMICEV, el pastor Roosevelt Muriel, colocada al revés y llena de alfileres. No en balde la ciudad es conocida en el país no solo como la capital de la música salsa, sino también de la santería, el vudú y la hechicería, prácticas comunes en particular entre los miembros de la comunidad de raza negra, descendientes de esclavos africanos.

Los pastores concluyeron su mensaje con las siguientes palabras: «No tenemos miedo, creemos en un Dios poderoso. Sabemos que Él nos guarda. Pero la palabra de Dios nos llama a ser prudentes y orar unos por otros. Y lo más hermoso de todo esto: ¡Sin querer hemos comenzado una cadena mundial de oración por Internet!»

*Y ellos le han vencido por medio de la sangre del Cordero y de la palabra del testimonio de ellos, y menospreciaron sus vidas hasta la muerte.*

Apocalipsis 12.11

# San Nicolás:
# Ciudad de cielos abiertos

*Por: Eduardo Morello,*

*Pastor del Centro Cristiano Vida Eterna*

*Él respondió: He sentido un vivo celo por Jehová Dios de los ejércitos; porque los hijos de Israel han dejado tu pacto, han derribado tus altares, y han matado a espada a tus profetas; y sólo yo he quedado, y me buscan para quitarme la vida.*

1 Reyes 19.10

Dios siempre apela a despertar en nosotros un vivo celo por nuestras ciudades. El panorama es desalentador; la diversidad de pecados, la idolatría, el ocultismo, etc., afectan a la comunidad y se nos llama a la reconstrucción.

*Y me dijeron: El remanente, los que quedaron de la cautividad, allí en la provincia, están en gran mal y afrenta, y el muro de Jerusalén derribado, y sus puertas quemadas a fuego.*

*Cuando oí estas palabras me senté y lloré, e hice duelo por algunos días, y ayuné y oré delante del Dios de los cielos.*

Nehemías 1.3-4

## Historia de la ciudad

San Nicolás, en Argentina, tiene 250 años de fundada y es conocida como la ciudad del Acuerdo, por su participación en procesos de organización nacional de liberación y soberanía. Fue conocida en momentos de esplendor como la ciudad del dólar, y la diversión. Por la empresa siderúrgica que se estableció, fue también llamada la ciudad del acero.

Alrededor de 1985 se dieron cita algunos elementos que, conjugados en el tiempo, hicieron de esta comunidad una ciudad triste y sin fuentes de trabajo. Los vaivenes de la política y la economía, junto al establecimiento de altares de idolatría, la proliferación de seudomensajes que supuestamente provenían de Dios, cierres de fábricas, éxodo de habitantes, etc., crearon un clima de cielos cerrados, pesimismo y derrota.

## Comienza el llamado de Dios a la oración

En octubre de 1996 se llevó a cabo en la ciudad de Mar del Plata un evento organizado por Evangelismo de Cosecha que despertó inquietudes y desafíos en el grupo de pastores que asistimos. Realmente fue algo inspirador; comenzamos a descubrir nuevas estrategias y sobre todo un deseo ferviente de unidad pastoral.

Luego de esto se llevaron a cabo distintos eventos en San Nicolás, con distintos siervos de Dios, que traían un único mensaje: Es posible poseer la tierra que Dios nos dio, pero debemos hacerlo en oración y unidad. La Red de Fuego (movimiento nacional de oración e intercesión) en el mes de noviembre realizó un encuentro de iglesias, y hubo un aliento de parte del Señor a los pastores y congregaciones que asistieron en el sentido de tomar la autoridad que como Iglesia debíamos desempeñar, desalojando a las potestades, principados y aun al «hombre fuerte» establecido en nuestra ciudad, a través de la oración y la intercesión. San Nicolás ocupaba entonces el primer lugar en importancia del movimiento mariano en Argentina, por la cantidad de gente que movilizaba, y esto, aunque nos avergonzaba, pasó a ser parte de nuestra vida diaria, y nos condujo a un conformismo y aceptación que nos fue encerrando en las cuatro paredes de nuestros templos.

En enero de 1997, los miembros de DUA (Damas Unidas en Acción) leyeron en una plaza pública y en un acto profético una proclama que declaraba, entre otras cosas, a Jesús como Señor y Dios de San Nicolás. Con estas y muchas más señales fue creciendo el espíritu de unidad, y muchos de nosotros comenzamos a ver y amar la ciudad con los ojos y el corazón de Jesús. En julio de 1997, nuevamente Evangelismo de Cosecha tuvo una participación especial dentro del contexto de San Nicolás. El consejo de pastores promovió y desarrolló junto a esta organización y con Ed Silvoso a la cabeza, una serie de actividades especiales que apuntaron primordialmente a fortalecer la unidad. La unidad aparece siempre en la Biblia como uno de los componentes fundamentales de poder y victoria que Dios nos reclama.

*Y dijo Jehová: He aquí el pueblo es uno, y todos éstos tienen un solo lenguaje; y han comenzado la obra, y nada les hará desistir ahora de lo que han pensado hacer.*

Génesis 11.6

*Para que todos sean uno; como tú, oh Padre, en mi, y yo en ti, que*

*también ellos sean uno en nosotros; para que el mundo crea que tú me
enviaste.*

Juan 17.21

Bajo este concepto si no existe unidad es imposible pensar siquiera
en que la humanidad pueda creer en Jesús como su Salvador personal.

En San Nicolás, como en todo el mundo, el diablo intentó
desbaratar la unidad de la familia de Dios, y en parte lo había logrado,
colocando en nuestras relaciones fraternales un espíritu de indiferencia y orgullo. Esto provocó el desaliento, aislamiento, resentimiento
y el distanciamiento ministerial. Por ende no existía la oración
corporativa. Al comprender la voluntad de Dios y tener en nuestro
corazón la carga de responsabilidad por nuestra ciudad, comenzamos
a avanzar con pasos concretos y derribar las fortalezas que el enemigo
había levantado en nuestros corazones (2 Corintios 10.4-5). Volvimos
nuestros rostros al Señor y clamamos por el perdón de nuestros
pecados, por haberle dado lugar al diablo de que manejara la ciudad
y sus designios, usurpando la autoridad de Cristo en ella.

Fueron momentos tremendos los vividos; el Espíritu Santo nos
ungía y las confesiones de cargas llevadas por años en contra de tal o
cual, eran comunes. Las lágrimas de pesar se confundían con las de
gozo, pues el Señor Jesús estaba limpiando nuestros corazones.

## Identifiquémonos con el pecado de la ciudad

Según Nehemías 1.6, no solo nuestros padres, sino también yo
había pecado. A pesar de que muchos pastores no éramos nativos de
la ciudad, sentimos la carga por ella, y si Dios nos iba a utilizar para
remitir sus iniquidades mejor, era que nos dedicáramos a hacer duelo
y clamor. Nuestra oración fue: *Padre, te pedimos que cures a San Nicolás;
sánala Señor, cura sus heridas y restituye lo que comió la oruga, el salto y el
revuelo. Detén tu juicio y danos otra oportunidad para bendecir a nuestra
ciudad. Amén.*

### La oración en unidad para la ciudad

En ese ambiente se continuaron desarrollando distintas actividades, que culminaron con la «toma de la ciudad».

Se establecieron casas de oración por toda la ciudad, dedicándolas al Señor como embajadas del cielo en los lugares donde se encontraban. La iglesia oró de continuo, ahora sí como un cuerpo. En la Unidad Penal Nº 3, los integrantes de Libres entre Rejas (congregación evangélica penitenciaria) adoptaron a vecindarios completos para orar por ellos. Se coordinó desde la radio cristiana las actividades de dichas casas, produciéndose testimonios alentadores de conversiones y reconciliaciones entre vecinos, sanidades y liberaciones. Familias que habían estado enemistadas por años, ahora por razones inexplicables para ellos, se hablaron y relacionaron nuevamente. Se oró en las puertas de la ciudad, clavando estacas en ellas con pasajes bíblicos otorgando bendiciones para el que vive, entra o sale de la ciudad. De esta manera se logró el registro más bajo de accidentes dentro del perímetro ciudadano y una asistencia menor de la esperada en el aniversario mensual del altar mariano. A través de ministerios proféticos, Dios revela por qué, dónde y cuándo orar, especialmente para debilitar y destruir el poder del diablo enquistado en la comunidad. Los testimonios de brujos convertidos al Señor fueron notorios. Se visitaron todos los hogares con una invitación a una feria de oración a realizarse en un parque a la ribera del río. En esta feria se establecieron puestos de oración e intercesión por los distintos problemas de la gente que llegaba (depresión, angustias, falta de trabajo, vicios, enfermedades, problemas familiares, etc.) y, ¡Dios siguió haciendo milagros! Las autoridades municipales reconocieron e integraron al Consejo de Pastores dentro del protocolo municipal, dándole participación en sus actividades.

El obispo de la Iglesia Católica nos recibió y tuvimos una charla de tono afable y amena, lo que constituyó un hecho histórico. Los medios de comunicación se abrieron a todo lo que pasaba en la ciudad y registraron ampliamente lo acontecido, incluso hasta colocando puntos especiales en los distintos lugares donde se efectuaban los actos y reuniones. Decenas de visitantes tanto del resto de Argentina como del extranjero, se asombraron ante lo que pasaba en San Nicolás en esos momentos, de cómo la atmósfera espiritual de una ciudad estaba cambiando.

## Lo que sucede hoy

A través del tiempo transcurrido podemos ver cuántas cosas se hicieron y cuántas todavía hay que hacer. Sembrar lo que queremos para nuestra ciudad sigue siendo nuestra prioridad. La mayoría de las actividades se encausan a través de los distintos grupos interdenominacionales, que funcionan a plenitud: DUA (Damas Unidas en Acción), CEJ (Consejo Evangélico Juvenil), Confraternidad de Varones, DARMS (Departamento de Ayuda y Rehabilitación del Marginado Social). Grupos que laboran especialmente en cárceles, hospitales geriátricos, etc. También trabajadores de Jesús en todos los centros laborales; MIES (Ministerio Esperanza), dedicado al lenguaje para sordos e hipoacúsicos; LAPEN (Liga Argentina Pro Evangelización del Niño) y el grupo de Intercesores Unidos, que visita las congregaciones orando por los pastores y su familia. El intercambio de visitas de pastores para ministrar en otras congregaciones es ya algo habitual, reconociéndose entre los ministerios dones y talentos que están a nuestra disposición para el crecimiento de la obra.

El crecimiento numérico y el aumento del interés por el evangelismo (la Iglesia en el mundo y no el mundo en la Iglesia), a través de la oración, la intercesión y visitación; el aumento de fuentes de trabajo y el establecimiento de nuevas empresas, son las pautas que nos dicen que estamos en el camino correcto.

Estamos aprendiendo a pastorear una ciudad, a cuidar de las ovejas que están en el redil y a pedir al Señor por las que todavía están fuera. Creemos que San Nicolás, la ciudad del Acuerdo, verá con sus ojos y aun vivirá el nuevo pacto que el Señor Jesucristo quiere escribir en nuestras mentes y corazones.

## San Nicolás en la proyección de la bendición

Hoy el ejemplo de San Nicolás cunde por Argentina, y aun por el mundo. Muchas ciudades son afectadas por este mover del Espíritu Santo, recibiendo pastores que ministran reconciliación, unidad y toma de ciudades a través de la oración y los Consejos de Pastores. En ciudades como Salto Argentino, Arrecifes, Villa Constitución y otras, se forman o reafirman en paz sus vínculos fraternales.

Sabemos que en nuestro valle de Ela, el valle de la decisión, hemos salido a responder al desafío y a la burla de Goliat; hemos tomado lo que Dios proveyó (nuestras piedras del arroyo) y las lanzamos, derribándolo. ¡Ahora estamos parados sobre su pecho, dispuestos a cortarle la cabeza! Esperamos el día en que gozosos mostremos al mundo la victoria total, exhibiendo en nuestra ciudad el triunfo de Cristo como estandarte, entregándole a Jesucristo una ciudad rendida a sus pies, adorándole en espíritu y verdad.

Al tiempo de escribir este artículo, se estaba renovando el movimiento de oración a través de un seminario teórico-práctico de Evangelismo de Cosecha y los Consejos Pastorales de nuestra ciudad y de otras ciudades del interior de Argentina, con la presencia de más de cien pastores del interior del país y trescientos visitantes de cuatro continentes. El esfuerzo de oración dio sus frutos. Dios respondió con señales y maravillas. Seguimos viendo lo que pasa cuando la Iglesia ora e intercede en unidad... El mundo cree y se salva, conforme a la voluntad del Señor. En 1999 esperamos contar con cincuenta ciudades rendidas a los pies de Cristo.

# Corpus Christi, Texas: Hispanos a la vanguardia del cambio espiritual

*Por: Aníbal Burgos,*

*Pastor de la iglesia Cristiana Betania*

### ¿ A dónde me has enviado Señor?

Cuando recibí el llamado del Señor y la comisión de nuestra denominación para comenzar una nueva obra en una ciudad llamada Corpus Christi había tanto en mi esposa como en mí una excitación combinada con incertidumbre acerca de lo que nos esperaba.

El nombre de la ciudad me atraía ya que traducido del latín significa «Cuerpo de Cristo». Pensé cuán apropiado era aquel nombre para expandir el Reino de Dios, estableciendo otra congregación donde se adore a Dios en espíritu y en verdad. Lo que no imaginaba ni remotamente eran las luchas, las frustraciones y las batallas que tendríamos que enfrentar en aquel lugar de nombre tan sagrado, pero con un ambiente denso y cargado de fuerzas malignas.

Al trasladarnos a la ciudad lo primero que me impresionó fueron las tensiones evidentes aun en el modo de comunicarse. Recién llegado, mientras investigaba las diferentes estaciones de radio con el propósito de identificar a las emisoras cristianas, me quedé asombrado al escuchar varias estaciones cuyos locutores estaban hablando en un español un tanto diferente al que yo estaba acostumbrado, con palabras mal pronunciadas. Pero lo que me dejó más perplejo todavía fue escucharlos cambiar al idioma inglés para completar determinado pensamiento. O sea, no era una traducción, sino la mitad en español y la otra mitad en inglés. Ambas partes claramente marcadas por el acento típico de los moradores de estas tierras. Más tarde aprendí que esa práctica es muy común en esta región y que esa forma de comunicación se conoce como «Tex-Mex». En mi espíritu percibí que aquella práctica era indicativa de la condición espiritual y emocional de un pueblo marginado, sufrido y con falta de identidad cultural y espiritual.

Aquella percepción se hizo más evidente y demostró ser acertada cuando comenzamos los trabajos preparativos para abrir la nueva obra. Los centros de prácticas ocultistas como síquicos, adivinadores, encantadores, lectores de barajas y otros se anunciaban abierta y manifiestamente en los medios televisivos, de radio y con grandes letreros en las autopistas. A juzgar por los edificios donde estaban ubicadas estas empresas el negocio iba muy bien.

El comercio de la pornografía era muy notable. En cierta ocasión uno de estos negocios sufrió un acto de vandalismo en un inmenso letrero donde estaba dibujada una mujer con muy escasa ropa. El rótulo podía verse a una milla de distancia. El periódico local publicó la noticia en primera plana, condenando el vandalismo.

Aquello me hizo preguntarme acerca de dónde estaban las

prioridades y los principios de aquel periódico y el sentir del resto del pueblo.

El problema de las pandillas, las drogas y la delincuencia juvenil era alarmante. La juventud parecía estar atrapada en un limbo cultural y muy pocos desplegaban actitudes de superación. La cantidad de madres solteras viviendo de la asistencia pública era también muy alta.

Las iglesias católicas hispanas parecían muy concurridas en los días de misa e inclusive una de las estaciones más fuertes de toda la región estaba auspiciada por la diócesis católica. Pero al mismo tiempo las fiestas y las borracheras que muchas veces terminaban en tragedia, eran algo muy común.

Pronto descubrimos una fuerte oposición al evangelio por parte de aquellos a quienes tratábamos de evangelizar. Proclamaban tener su religión y no admitían ningún otro punto de vista. La oposición no era meramente pasiva. Por alguna razón —inexplicable para mi en aquel momento—, comenzaron a ocurrir incidentes extraños en los alrededores de la iglesia. Una mañana, en el mes de noviembre, faltando una semana para la inauguración de la obra, al llegar al estacionamiento del templo me percaté de que había allí tirado un pájaro negro muerto.

Mi primera reacción fue de compasión y pena por el pájaro, pero entonces noté que un poco más adelante había otro y luego otros más, y así sucesivamente seguí identificando una gran cantidad de pájaros negros muertos diseminados por todo el perímetro de la iglesia. Aquello me pareció muy extraño y dentro de mi hubo una inquietud espiritual como alertándome de que no se trataba de una casualidad ni de un accidente.

Al compartir aquel hecho con otros pastores me contaron que en sus templos en ocasiones sucedía lo mismo. Más adelante se repitió la escena con pájaros decapitados debajo de la cruz del frente del edificio y gallinas muertas frente a otros templos. Esto nos sirvió como un alerta de que, espiritualmente hablando, nos encontrábamos en territorio enemigo.

## La iglesia de la puerta giratoria

Desde el comienzo de mi ministerio a Dios le plació que estuviese en el desarrollo de nuevas congregaciones. Esta era la tercera congregación que estaba comenzando en un período de catorce años. Yo había estudiado y practicado todas las cosas básicas que se hacen al comenzar una nueva obra. En otras palabras, la experiencia de plantar una nueva congregación no era algo nuevo para mi, pero las experiencias que viviría en esta nueva misión no las había vivido nunca antes.

Hicimos la campaña de promoción, donde incluimos a todos los medios masivos de comunicación. Corrimos la voz, visitamos puerta por puerta a muchos en el vecindario, y en las primeras semanas llegaron los curiosos, los visitantes y los interesados. Como de costumbre, puse el sistema de seguimiento de visitantes en función. La cantidad de recién llegados fue muy impresionante durante los primeros dos años. En la tarjeta de información se les hacía una serie de preguntas para recolectar los datos pertinentes.

Algo curioso estaba ocurriendo. La gran mayoría expresaba que le había gustado el servicio, la predicación y que sí estaban interesados en formar parte de la nueva congregación pero muy pocos se quedaban con nosotros. El porcentaje de personas que caían en esta costumbre era alarmante y frustrante, tanto fue así que en una ocasión en que el nivel de desánimo estaba muy alto, pensé cambiarle el nombre a la iglesia, y llamarla «La Iglesia de la Puerta Giratoria».

Aquella situación llegó a tales niveles de frustración que en varias ocasiones me pregunté si en realidad era la voluntad de Dios que estuviese allí. Cada vez que lo hacía el Espíritu Santo me llevaba recordar las promesas, las visiones y las profecías que me había dado antes de ni siquiera saber que vendría a este lugar. Por tanto, la retirada o la complacencia pasiva ante aquella situación no me cabía en la mente ni en el espíritu.

Al concluir el tercer año y ver a la congregación con un crecimiento tan escaso, decidí tornarme a Dios y comenzar a hacer preguntas muy serias. La promesa de Dios comenzó de inmediato a cumplirse, según lo dice Jeremías 33.3: «Clama a mí, y yo te responderé, y te enseñaré cosas grandes y ocultas que tú no conoces».

## Pagar el precio

A principios del 1998 declaré en la iglesia que estaría abriendo las puertas del templo a las seis de la mañana para dedicar una hora a la oración, con el propósito de que Dios nos hablara y nos diese la solución a nuestra problemática, que no era exclusivamente nuestra, pues muchos otros pastores de la zona me habían compartido frustraciones similares.

En el corto tiempo que llevaba en la ciudad, Dios me había permitido llegar a ser secretario tesorero de la Alianza Ministerial Hispana. La alianza contaba con veintisiete congregaciones afiliadas. Sin embargo, el estado anímico de aquella alianza era indicativo de que el mal calaba muy profundo, incluyendo al llamado pueblo de Dios. La asistencia a las reuniones oficiales de la alianza era muy pobre. De veintisiete pastores apenas iban tres o cuatro.

Las reuniones en sí eran aburridas y poco inspiradoras. En muchas ocasiones después de terminada la reunión yo mismo me preguntaba: ¿Para qué vengo a estas reuniones? Pero por razones que más tarde comprendí, Dios me mantuvo allí.

Desde el comienzo de la obra cada vez que oraba, en vez de orar por la congregación que estaba desarrollando sentía que el Espíritu me dirigía a orar por la ciudad, por un avivamiento en la ciudad, porque cada congregación experimentara un visitar del Espíritu Santo, y que las almas se salvasen. Más tarde supe que hacía muchos años Dios tenía intercesores orando por la misma petición.

Después de declarar que el templo se abriría para la oración matutina, comencé a venir y durante las primeras dos semanas estuve solo. Al comienzo de la tercera semana uno de los hermanos de la congregación se me acercó y me dijo: «Pastor yo tengo un gran deseo de venir a orar, pero a las seis de la mañana ya tengo que estar dirigiéndome al trabajo ¿usted me permite abrir el templo a las cinco?» Por supuesto que accedí y así comenzó el Espíritu Santo a inquietar a otros y pronto tuvimos hasta doce personas diariamente orando temprano en la mañana.

Más tarde supe que varias otras congregaciones habían sentido la misma inquietud y que también habían declarado las mañanas como tiempo de buscar el rostro y la voluntad de Dios. Era obvio que Dios estaba preparando a su pueblo para algo muy especial. Y curiosamente lo estaba haciendo sin intervención humana.

## El llamado de Dios

Después de varias semanas de oración una mañana mientras nos despedíamos, una de las hermanas me preguntó si me había enterado de la noticia que habían dado la noche anterior. ¿Cuál de ellas? le pregunté. «La parada que están organizando los homosexuales y las lesbianas por las calles de nuestra ciudad —dijo—, para demostrar orgullo por lo que son».

Les confieso que aquella noticia perturbó mi espíritu de tal manera que nuevamente comencé a clamar a Dios. Sentí gran tristeza por la ciudad y percibí aquello en mi espíritu como un intento por parte del diablo de burlarse y profanar el nombre de Dios, al llevarse a cabo una parada de esta naturaleza en una ciudad cuyo nombre es en honor al Cuerpo de Cristo.

Aquella mañana mientras daba mi acostumbrada caminata matutina continuaba orando y gimiendo en mi espíritu sobre lo que se iba a hacer en la ciudad, cuando repentinamente escuché la voz de Dios preguntarme: «¿Y qué está haciendo mi pueblo?»

Un escalofrío recorrió mi cuerpo ante aquella pregunta, a la que tuve que contestar: Nada mi Señor. Entonces tuve una visión en donde muchas personas iban marchando por el perímetro de la ciudad y con aceite iban ungiendo la tierra. Nuevamente habla la voz de Dios y me dice: «Dile a mi pueblo que marche y todo lugar que pisare la planta de vuestro pie será vuestro y esto lo harás en cuarenta días».

Acto seguido tengo otra visión donde muchas personas arrodilladas en un parque que está a la orilla de la bahía y que tiene un anfiteatro, se humillaban y suplicaban perdón por los pecados colectivos de la ciudad. Otra vez escuché la voz decir: «Si se humillare mi pueblo, sobre el cual mi nombre es invocado, y oraren, y buscaren mi rostro, y se convirtieren de sus malos caminos; entonces yo oiré desde los cielos, y perdonaré sus pecados, y sanaré su tierra» (2 Crónicas 7.14).

En muchas ocasiones Dios me había hablado sobre asuntos personales, pero nunca había recibido una encomienda de tal naturaleza. ¿Por qué a mi? ¿Quién soy yo? ¿Me creerán? Estas y muchas otras preguntas me daban vueltas en la mente. En lo que sí estuve seguro es en que nunca dude de que era la voz de Dios.

En seguida comencé a hacer las investigaciones sobre el perímetro de la ciudad: buscar mapas, tomar medidas, y curiosamente todo se facilitó y cayó en su lugar con una precisión asombrosa. Resultó ser que el perímetro tenía aproximadamente setenta y siete millas a la redonda. Por tanto, si se marchaban dos millas cada mañana por espacio de una hora se podía hacer la marcha dentro del tiempo especificado por Dios.

Investigué en relación con el parque que Dios me había mostrado en la visión. Me dijeron que había que llamar con mucho tiempo de anticipación y que por lo general para la fecha que les estaba preguntando el parque ya estaba comprometido. Insistí en que buscaran para mayo 9 (que era la fecha que el Espíritu me había dicho). Con voz de asombro, la mujer que me atendió me dijo: «No entiendo por qué pero esa fecha en particular sí está disponible». Yo sabía que Dios no opera a base de casualidades; Él es preciso, conciso y al punto. Reservé la fecha y me comprometí a llevar el depósito correspondiente sin aún tener el dinero.

Como yo era secretario de la Alianza Ministerial Hispana, utilicé la lista de correspondencia para extender una invitación a todos los pastores. Mi expectativa era que cuando leyeran la carta de invitación y de explicación acerca de la visión que Dios me había dado, todos vendrían de manera entusiasta a discutir las estrategias que utilizaríamos. Cuán grande fue mi desilusión cuando el día señalado para la reunión solamente un pastor (que es mi amigo personal) apareció junto con dos laicos de la congregación que yo pastoreo. Me fue muy difícil esconder mi frustración mientras le explicaba a ellos el porqué los había citado. Pero Dios que todo lo sabe y que todo lo tiene bajo control, se encargó de glorificarse y mostrarme su poder.

Cuando les expliqué en relación con el parque y el costo del mismo, inesperadamente uno de los laicos se ofreció a cubrir los gastos completos del parque. Aquello fue una pequeña, pero poderosa señal de que Dios tenía todo bajo absoluto control.

Cuando terminé la reunión y me quedé solo, todavía batallaba con el espíritu de desánimo, ante la increíble pobre respuesta de mis compañeros de ministerio. ¿Acaso no les interesa? ¿Estaré yo solo en esta cruzada? Si esto fue así con la primera reunión ¿qué podré esperar de aquí en adelante?

Me encontraba en un estado mental de confusión terrible cuando nuevamente el Espíritu Santo me habló y me dijo: Quiero que hagas esto, no puedes desanimarte: Llamarás a cada pastor y harás una cita para hablarle personalmente, le explicarás la visión que te he dado y yo me encargaré del restó.

Obedecí a la voz y le pedí a mi esposa que llamara a cada pastor y me concertara una cita. Uno por uno les visité y para asombro mío todos (sin excepción) me dijeron: Reconocemos que esto es de Dios y vamos a respaldar la actividad. Cuente con nosotros.

Las paredes denominacionales que por tantos años el diablo ha utilizado para mantener al Cuerpo de Cristo en desunión, comenzaron a desmoronarse y empecé a ver al pueblo de Dios unirse como nunca antes en esta ciudad. El Espíritu Santo había cumplido su palabra y se estaba encargando del resto.

En poco tiempo un gran número de las Iglesias se habían comprometido a respaldar la actividad. Emisoras de radio cristianas y seculares se responsabilizaron en anunciar y promover la marcha sin costo alguno para nosotros. Definitivamente Dios estaba operando y glorificándose.

## Tiempo de marchar

El camino de la fe no es fácil, porque tus ojos materiales no pueden ver lo que viene.

Literalmente demanda que te abandones que creas y que confíes en lo que Dios ha dicho y prometido. Quien lleva muchos años en el evangelio se supone que sepa esto pero con cada nueva experiencia tu fe es puesta a prueba y de nuevo comienza la espera y la anticipación.

El día señalado para comenzar la marcha era el 30 de marzo de 1998, a las seis de la mañana, desde un parque en la bahía de Corpus Christi. ¿Cuántos llegarán? ¿Se acordarán las personas? ¿Cómo reaccionarán aquellos que lleguen? Estas y muchas otras interrogantes rondaban en mi mente. Cuán agradable fue la sorpresa al ver que aquella fresca mañana cuarenta personas respondieron al llamado. Se levantaron temprano y estaban listas para ir a enfrentar las huestes del enemigo.

Dios estaba comenzando a mostrar cómo su poderosa mano se mueve cuando una persona, una ciudad o hasta una nación, están dispuestas a pagar el precio, a buscar a Dios de madrugada y a unirse en la oración.

La encomienda de Dios era clara y específica: Había que marchar (a pie) por perímetro de la ciudad y ungir la tierra con aceite. De alguna forma entendí que el aceite tenía que ser de oliva. ¿De dónde sacaríamos dinero para ungir todo el perímetro de una ciudad de setenta y siete millas de circunferencia con un aceite tan costoso? En ocasiones se nos olvida que nuestro Padre ha dicho y demostrado en innumerables ocasiones que Él es el dueño del oro y de la plata y que para Él no hay nada imposible.

Nuestra congregación compró las primeras cuatro latas y de ahí en adelante, como en el caso de la viuda de 2 Reyes 4, el aceite nunca escaseó. Dios siempre se encargó de motivar a sus hijos para que ellos trajesen según la necesidad. Galones y galones de aceite fueron derramados en el perímetro de nuestra ciudad de acuerdo al mandato de Dios.

Cada día marchábamos una distancia de dos millas, desde las seis hasta las siete de la mañana. La marcha se llevaba a cabo con un espíritu de adoración y de guerra espiritual, pidiendo a Dios que nos vistiera con la armadura provista a sus hijos.

Dios comenzó a darnos experiencias que nos hicieron entender el porqué de aquella marcha. Comenzamos a identificar fortalezas que el enemigo tenía establecidas en este lugar por mucho tiempo.

Poco antes de la marcha, el Espíritu Santo me había motivado a hacer una investigación de la historia de la ciudad desde antes de la colonización de estas tierras, cuando todavía eran habitadas por los indios. En los libros de historia estaba registrado que los indios nativos de estas tierras, llamados karancuas, practicaban el canibalismo.

Cuando leí esa información el Espíritu me alertó en cuanto a la razón por la que hacían esto. Su creencia era que al comer las carnes de sus enemigos ellos adquirían los poderes mágicos de estos. En ese momento escuché al Espíritu decirme: «Desde ese tiempo el diablo estableció una fortaleza, y un espíritu de canibalismo que domina esta región. Unos a otros se destruyen y se aniquilan, incluyendo las iglesias».

Unidos oramos para destruir ese espíritu de destrucción y de enemistad que por muchos años había estado dominando este territorio. La evidencia de que tuvimos éxito comenzó desde el principio, cuando muchas congregaciones rompieron las barreras denominacionales y levantaron el estandarte de Jesucristo, unidos como un solo pueblo y una sola Iglesia.

Día a día Dios nos iba dando experiencia tras experiencia (tantas que no podríamos incluirlas en este capítulo, pero que sí pensamos escribirlas con más detalles en un libro completo), y quiero mencionar algunas de las más significativas.

### ¿Quién es el líder?

Durante el mes de abril en los Estados Unidos se acostumbra adelantar una hora al reloj. Una práctica que se estableció para aprovechar los días largos del verano y así poder economizar la cera de las velas con que se alumbraban las personas en siglos anteriores. En los días de la marcha tocó la fecha del cambio de hora.

El día anterior como coordinador de la marcha le dije a todos los participantes con mucho énfasis que recordaran cambiar sus relojes esa noche antes de irse a dormir. Les recalqué que si se olvidaban iban a llegar una hora tarde al punto de partida y nadie iba a estar allí. Recuerdo habérselos dicho por lo menos unas cuatro veces.

Cuando sonó el despertador al siguiente día me levanté como de costumbre para alistarme e ir a la marcha, en ese momento sonó el teléfono. Recuerdo haber pensado: ¿Quién me estará llamando tan temprano? ¡Ojalá que no sea una emergencia!

Contesté y era una hermana de la iglesia que pastoreaba, que me llamaba desde su teléfono celular. Su voz sonaba muy preocupada cuando me preguntó: «Pastor, ¿qué pasó? Todos estamos aquí esperándolo». De todas las personas fue a mi al que se le olvidó adelantar los relojes y había quedado como un perfecto irresponsable.

Sentí la carga del mundo descender sobre mis hombros y a la vez me sentí el más miserable de los hombres. Creo que rompí el récord de velocidad preparándome y en menos de un minuto ya estaba en mi automóvil dirigiéndome al punto de partida de la marcha. Mientras iba de camino me sentí muy mal al pensar que le había fallado a Dios y a los hermanos. ¿Qué iban a pensar de mi? ¡Ya no iban a creer o a respaldar! En mi mente había una tormenta de pensamientos, culpabilidad, acusaciones, etc. Yo era el que tenía el aceite que se iba a usar y todo se había dañado por culpa mía.

Cuando llegué, ya el grupo había conseguido una botella de aceite y había comenzado la marcha. Les entregué la bolsa con las botellas de aceite y proseguí hasta el punto donde habría de concluir ese día la marcha.

Mi esposa y yo caminamos en retroceso sin pronunciar palabra para unirnos a los marchadores. Recuerdo que todavía era de noche y el cielo estaba hermosamente estrellado. Mientras caminaba iba pidiéndole perdón a Dios por haberle fallado, cuando de repente la voz de Dios interrumpió mi concierto de melancolía y de autocompasión y me dijo: «¿Sabes por qué permití que esto sucediera? Porque quiero que entiendas algo muy claro: el líder de esta marcha soy yo, no tú. Aunque escojo instrumentos ninguno es indispensable. Yo estoy en el control y nada está fuera de mi control».

Dios había decidido quebrantar cualquier vestigio de orgullo que hubiese en mí, y hacerle ver al pueblo que Él todavía está sentado en el trono y al control de todo lo que ocurre. A Él sea dada la gloria, honra y honor por siempre jamás.

### ¡Háblale tú!

Durante todos los días que habíamos marchado no había llovido y en cierto modo estábamos agradecidos al Señor por ello. En la noche estaba escuchando las noticias y el informe del tiempo. El meteorólogo anunció que temprano en la mañana habría un setenta por ciento de probabilidades de lluvia. Mi esposa y yo fuimos a una tienda a comprar unos paraguas. Al salir de la casa en la mañana, observé que el cielo estaba nublado y soplaba el viento característico que acompaña a la lluvia, pero no estaba lloviendo todavía. Al llegar al punto de partida todas las personas y al momento de comenzar la marcha, todavía no estaba lloviendo. Dentro de los marchadores habían personas de todas las edades, desde niños en sus coches, hasta ancianos. Uno de los ancianos en particular me llamaba la atención por su fidelidad, ya que nunca faltaba.

Él era de edad bastante avanzada y de constitución un tanto frágil; sus hijas lo ayudaban a caminar, pero allí estaba. En muchas ocasiones, mientras todos marchaban, él sacaba su armónica e iba entonando algún himno y alabando al Señor.

Cuando todavía nos faltaba casi la mitad del camino trazado para aquel día sentí las gotas del aguacero que se avecinaba. Inmediatamente miré hacia los marchadores de atrás y dos cosas me preocuparon: el anciano no había traído paraguas, y los niños de coche tampoco.

Mire al cielo he hice una oración: Señor te suplico, si no es mucho pedirte, que detengas la lluvia por un momento; por lo menos hasta que hayamos terminado la marcha por hoy y estemos dentro de los carros.

Oí la voz de Dios decirme: ¿Por qué clamas a mí? ¡Yo te he dado autoridad; háblale tú a la nube!

En seguida el Espíritu Santo trajo a mi mente el capítulo diez de Josué, en el versículo doce. Luego cuando leí ese pasaje me di cuenta de que Josué probablemente hizo una oración similar a la que hice yo y es posible que Dios le dijera esas mismas palabras.

¿En qué baso mi hipótesis? En que Josué después de hablarle a Dios tiene la osadía, se atreve a decirle al sol que se detuviera en Gabaón. Josué no sabía que la tierra es la que da vueltas al sol. ¡Qué bueno que Dios no juzga nuestras peticiones en base a nuestro conocimiento científico o astrológico sino en base a nuestra fe y nuestra disposición de obedecerlo!

Humanamente hablando les confieso que me sentí un tanto extraño. ¿Hablarle a una nube? Pero hace tiempo aprendí que Dios no se rige por la lógica o ciencia humana. Si uno quiere ver la gloria de Dios tiene que estar dispuesto a obedecer a Dios. No importa el precio. Así que me dispuse a obedecer y con una autoridad que solo puede venir de Dios, le hablé a la nube y le dije: «Nube, en el nombre de Jesús de Nazaret, te ordeno que detengas tu lluvia hasta que hallamos llegado y nos hallamos montado en los carros. Entonces te doy permiso para que derrames la lluvia».

Ante los ojos atónitos de todos (incluyendo los míos) la lluvia se detuvo totalmente. Pudimos llegar, hacer nuestro círculo de oración y montarnos en los automóviles. Cuando la última persona se subió y cerró la puerta, entonces se desató un fuerte aguacero sobre toda el área. A Dios sea la gloria, la honra y el honor.

### Atar el espíritu de muerte

Cuando Dios decide bendecir una ciudad uno de los efectos más importantes es ver cómo la autoridad conferida por Dios se manifiesta. Durante el tiempo de la marcha varios intercesores recibieron instrucciones de parte de Dios de ir a un puente llamado Harbor Bridge que conecta la ciudad de Corpus Christi con un pueblo adyacente llamado Portland.

Este puente es notorio por la gran cantidad de personas que han cometido suicidio lanzándose desde el puente. La comisión que Dios le dio a estos intercesores fue la de atar, reprender y echar fuera el espíritu de suicidio que imperaba en aquel lugar y que tantas vidas había arrebatado desde allí.

Aquellos intercesores obedecieron la voz de Dios y ante los ojos burlones de muchos, oraron, ataron y le prohibieron al espíritu de la muerte que volviera a tomar otra vida de aquel lugar. Libraron una batalla a nivel espiritual de gran magnitud hasta que sintieron de parte de Dios que habían alcanzado la victoria.

Muchos incrédulos piensan que cosas como estas son simples supersticiones de personas ignorantes que no tienen nada más que hacer. Pero la Biblia dice que la fe es la substancia de lo que se espera y la demostración de lo que no se ve. Nadie podía ver el espíritu de muerte pero sí podían ver los cadáveres de aquellos que caían víctimas de sus garras.

La demostración de la victoria que se había obtenido no se hizo esperar. A los pocos días un hombre que había perdido todo en la vida: su familia, su profesión, su dinero, la esperanza, decidió que era tiempo de acabar con aquella agonía. A plena luz del día subió a lo más alto del puente y ante los ojos atónitos de muchos testigos, dio el salto hacia la muerte. Pero para sorpresa de todos especialmente del mismo suicida su cuerpo rebotó del agua y ni siquiera sufrió un rasguño. El balance de poder había cambiado. El espíritu de muerte ya no dominaba en aquel lugar, sino el Espíritu de vida en Cristo Jesús.

Para aquellos que piensan que esto fue una mera casualidad quiero decirles que a los pocos días de este suceso una mujer también saltó del puente solo para encontrar el mismo resultado: No pudo matarse.

Desde entonces no hemos oído de algún otro intento de suicidio en el lugar. ¡A Dios sea la gloria, el poder y la honra!

## Trastornar los planes del enemigo

El agente catalítico que Dios uso para mover a su pueblo a la guerra espiritual fue el anuncio de una marcha que los homosexuales y lesbianas llevarían a cabo por el malecón a la orilla de la bahía.

Cuando estuve en la planificación de la ruta que marcharía el pueblo de Dios durante estos cuarenta días al llegar al día número treinta y siete solo nos faltaban tres millas y media para completar la circunferencia de la ciudad. Pensé que me había equivocado y le pregunté al Señor si había cometido un error. Escuché al Espíritu Santo decirme: «No hay error; simplemente quiero que en los próximos tres días ese tramo sea cubierto con tres servicios de oración matutina, saturando la zona de la unción de Dios». Luego me dice: «¿Acaso no recuerdas cuál es la ruta que piensan utilizar los homosexuales?»

Sin yo saberlo Dios había preparado la estrategia para derrotar al enemigo. Como parte del plan maestro de Dios ese mismo día estaba programada una marcha que ya lleva años haciéndose, donde todos los cristianos se unen para marchar y levantar el nombre de Jesús en alto. Esta marcha se conoce como *March for Jesus* [Marcha por Jesús].

De acuerdo con los planes y predicciones se esperaba que más de diez mil homosexuales, lesbianas y simpatizantes inundaran las calles de nuestra ciudad. Tan seguro estaban ellos del éxito, que le pidieron tanto al alcalde de la ciudad como al jefe de la policía que fueran Gran Mariscal de la Parada. Ambos rehusaron declarando que iba en contra de sus principios.

Cuando llegó el día de la marcha existía un aire de expectación para ver lo que iba a ocurrir. A la marcha de los homosexuales aparecieron cerca de cien personas, y enfrentaron un ambiente poco hospitalario de parte de las personas de la ciudad. A la marcha por Jesús llegaron mil doscientas personas (muchos piensan que fueron más). A Dios sea la gloria, la honra y el honor.

## El pueblo se humilla

Durante el tiempo de la marcha Dios puso en mi corazón que debía ir a ver tanto al jefe de la policía como al alcalde de la ciudad. El propósito era que ellos, como representantes de la ciudad debían también asumir la responsabilidad de humillarse ante Dios y confesar los pecados colectivos.

Consulté con el liderazgo de la marcha y todos estuvimos de acuerdo en ir a verlos. Dios se había encargado de poner dentro del grupo de liderazgo a un hombre que era muy conocido, respetado y admirado en la esfera del gobierno. El Espíritu Santo facilitó todo para conseguirnos cita con ambos dignatarios.

Oramos, nos encomendamos a Dios y fuimos a verlos, y para gozo de nuestras almas y gloria de nuestro Dios, ambos hombres humildemente asintieron y se comprometieron a estar presentes y ofrecer una oración de humillación y arrepentimiento junto con todo el pueblo que se reuniría en el parque.

El día de la concentración, cientos de personas asistieron al parque y sentimos la gloria de Dios cuando representantes de todos los grupos étnicos, razas y de todas las esferas sociales, políticas y culturales se dieron cita para adorar, bendecir y humillarse delante de Dios. A Dios sea la gloria, la honra y el honor.

## Resultados

El avivamiento tiene muchos efectos. Muchas veces lo limitamos a manifestaciones externas de gozo, euforia y algarabía en los servicios. Pero la verdad del caso es que cuando una ciudad, un pueblo, una nación, se humilla y la conquista se lleva a cabo en los niveles espirituales, los efectos comienzan a sentirse en todas las esferas de la vida de la ciudad.

Una de las áreas donde mayor beneficio se siente es en la reducción o eliminación de la criminalidad.

Aproximadamente un mes después de comenzar la marcha, fuimos sorprendidos con agrado por un artículo que salió en primera plana del periódico de la ciudad. Aquí se proclamaba que en cierto sector de la ciudad la taza de criminalidad había descendido en un dieciséis por ciento. Lo curioso del caso es que el sector indicado era donde está ubicada nuestra congregación. El periódico comentó que parecía que los programas juveniles y las sanciones más severas estaban dando resultado. Pero los que estábamos envueltos en la batalla espiritual sabíamos muy bien que es a Dios a quien pertenece toda la gloria, la honra y el honor.

Otro efecto se hizo evidente en la unidad lograda entre los pastores de la ciudad. Existe un compañerismo genuino entre los pastores, sin tener en cuenta la denominación a la que pertenece cada cual. Unos a otros se ayudan en campañas de evangelización sin diputarse las almas, entendiendo que todos trabajamos para el mismo Señor y que ninguno de nosotros tiene iglesias pues todas pertenecen a Cristo.

La reuniones de la alianza aumentaron dramáticamente en asistencia y el ambiente que ahora predomina es de adoración, edificación y verdadero amor cristiano. A Dios sea la gloria, la honra y el honor.

Anticipamos muchas más bendiciones en nuestra ciudad a medida que el Espíritu Santo nos guía a poseer la tierra que ya hemos conquistado.

# Panamá: Puente de Dios a las naciones

*Por: Guillermo González,*

*Pastor de la iglesia La Gran Cosecha*

*Cosas que ojo no vio, ni oído oyó, Ni han subido en corazón de hombre,*
*Son las que Dios ha preparado para los que le aman.*

1 Corintios 2.9

Hay un texto en la Palabra que nos revela el corazón de Dios para sus hijos y nos permite ver y entender que se refiere a «maravillas». Dios es un Dios de maravillas. Él le dijo a su siervo Moisés:

*He aquí, yo hago pacto delante de todo tu pueblo; haré maravillas*
*que no han sido hechas en toda la tierra, ni en nación alguna, y verá todo*

*el pueblo en medio del cual estás tú, la obra de Jehová; porque será cosa tremenda la que yo haré contigo.*

Éxodo 34.10

Sobre la guerra espiritual solo se conocía en Panamá lo que se escuchaba de la experiencia vivida por hombres de Dios en la Red Iberoamericana de Guerra Espiritual o lo que se leía en los diferentes libros que salían al mercado cristiano, como los del doctor Héctor Torres y el doctor C. Peter Wagner. Anhelábamos que en nuestro medio sucedieran cosas como las por ellos descritas. Deseábamos ver y experimentar esas maravillas en nuestra amada Panamá.

Dios así lo ha cumplido con un sello de gran expectación y proyección a nivel nacional. Hemos estado viendo cosas tan maravillosas que me he sentido como el salmista que dice que seremos como los que sueñan.

*Cuando Jehová hiciere volver la cautividad de Sion, Seremos como los que sueñan. Entonces nuestra boca se llenará de risa, Y nuestra lengua de alabanza; Entonces dirán entre las naciones: Grandes cosas ha hecho Jehová con éstos. Grandes cosas ha hecho Jehová con nosotros; Estaremos alegres.*

Salmo 126.1-3

En este tiempo de bendición Dios se ha manifestado de diversas formas: los talleres, las conferencias, los seminarios y las enseñanzas que hemos recibido nos han traído una nueva y fresca visión que se está arraigando en nuestros corazones. Mi esposa y yo comenzamos a «recibir» una manifestación o trato del Señor que, como oraba el apóstol Pablo, abrió los ojos de nuestro entendimiento para comenzar a comprender aquellas cosas que antes no podíamos entender ni aceptar.

Dios nos ha concedido el privilegio y bendición de conocer y trabajar con hombres y mujeres de Dios que hoy están siendo usados en varios continentes para encender una fresca llama de avivamiento, despertar espiritual y de oración e intercesión a los pobladores de las naciones. Hermanos y hermanas como Héctor Torres, Harold Caballeros, Peter Wagner, Omar Cabrera, Kingsley Fletcher, Cindy Jacobs y otros más, se han puesto en la brecha entre Dios y los hombres y han sido instrumentos de bendición para quienes los hemos conocido y para las naciones que les han recibido.

No obstante recibir tantas bendiciones, debemos persistir en buscar porque es bueno y necesario; «el que busca, halla» (Mateo 7.7). Fue en el año 1996 cuando un grupo de siete pastores panameños nos fuimos para Argentina a la ciudad de Mar del Plata y participamos del Evangelismo de Cosecha, evento auspiciado por el hermano Edgardo Silvoso. El acontecimiento fue algo muy especial. Una de las noches se dedicó a presentar las banderas de las naciones allí representadas. Los participantes portaban sus grandes banderas y las mecían delante del Señor de los Ejércitos. Un compatriota me dijo: «Yo traigo una bandera de nuestro país pero es muy pequeña». Yo le dije: «¡Dámela!» Y con esta bandera pequeña me uní al grupo pidiéndole al Señor que se acordara de Panamá y que algún día, de alguna forma, Él nos permitiera tener un evento similar en nuestra querida tierra.

En ese mismo año durante los últimos días de diciembre se celebró en nuestro país el congreso internacional de misiones «Latinoamérica 2000». Durante este congreso asistimos a unos talleres de guerra espiritual, dictados por los doctores Torres y Wagner. En medio de una asistencia total, el hermano Torres me invitó a asistir a una reunión que se celebraría el próximo enero en la ciudad de Colorado Springs.

Esta reunión convocada para los miembros de la Red de Guerra Espiritual por la hermana Cindy Jacobs transformó mi vida, dándome a entender un nuevo paradigma espiritual e impartió una fresca visión por mi nación.

Otra vez estaba como los que sueñan. En esa reunión de líderes mundiales del ámbito de la intercesión y la oración se encontraban intercesores, apóstoles y profetas. Personas que han bendecido a muchas naciones como la profeta Cindy Jacobs, el apóstol Peter Wagner, el profeta Bill Hammon, el apóstol Kingsley Fletcher y el profeta Héctor Torres. Vi cómo ellos trabajaban y establecían estrategias de guerra espiritual para batallar en la evangelización de las naciones.

Un día sucedió algo muy especial. El Espíritu Santo derramó un espíritu de arrepentimiento y reconciliación que el hermano Torres no pudo traducir más a causa del quebrantamiento. Los hermanos anglosajones comenzaron a llorar y pedir perdón a los hermanos afroamericanos por los daños que sus antepasados les hicieron. Lo mismo ocurrió con los hispanoamericanos y los indígenas nativos, luego con los asiático americanos. Todo un proceso de arrepentimiento identificativo entre ellos que me dio a entender el porqué Dios me había traído a la reunión. Nuestra nación está considerada como la más multiétnica del continente.

Nuestros habitantes vienen de descendencia indígena, africana, asiática y europea. En nuestro pasado han ocurrido grandes traumas entre los diferentes pueblos étnicos que moran en nuestro país. Nunca habíamos entendido la necesidad de traer sanidad a los traumas del pasado, para poder lograr una verdadera reconciliación entre las razas.

La oración nos cautivó a todos, lo único que le pedí al Señor fue: «Señor, por favor danos esto en nuestra tierra panameña». Fue allí donde pude observar cómo la Iglesia es verdaderamente edificada «sobre el fundamento de los apóstoles y profetas, siendo la principal piedra del ángulo Jesucristo mismo» (Efesios 2.20).

A mi regreso a Panamá comencé a reunirme con varios pastores, compartiendo lo que Dios me había mostrado. De allí surgió un deseo de colaboración para transformar nuestra nación. De estas relaciones nació el movimiento Pastores Unidos por Panamá. El mismo se gestó a través de buenas relaciones que han creído en la palabra y visión que

Dios me dio para un avivamiento en el país. Buscando así la unidad para alcanzar este propósito a pesar de nuestras diferencias teológicas o denominacionales.

Hay ahora entre nosotros un espíritu de amor que nos ha llevado a crecer, reunirnos, compartir, y trabajar juntos para lograr la visión que Dios nos ha dado, en el sentido de que Panamá sea un puente espiritual de bendición para todas las naciones.

En febrero de 1998, Dios nos concedió el deseo de nuestro corazón. Celebramos el Primer Congreso de Guerra Espiritual «Conquistando Panamá para Jesucristo». El hermano Torres nos motivó y nos contactó con diferentes ministerios que han llegado a ser instrumentos de Dios en traer la unidad para la iglesia panameña. Tuvimos con nosotros un excelente equipo de la Red de Guerra Espiritual: Ana Méndez, de México; Harold Caballeros, de Guatemala; Kingsley Fletcher, de Ghana, África; Ed Delph, de Estados Unidos, y los hermanos Héctor Torres y Carlos Jiménez, colombianos radicados en los Estados Unidos, quienes junto a otros valiosos hombres de Dios a nivel nacional llevaron a cabo este congreso el cual estremeció los poderes de las tinieblas en nuestra nación.

Por insistencia de nuestro hermano Torres habíamos preparado el evento durante las mismas fechas de los carnavales de Panamá. Estas fiestas celebradas anualmente han ido creciendo cada vez más. De tal manera, que hay personas que guardan durante todo el año sus ahorros para que no les falte en estos días de desenfreno.

Para el carnaval de ese año se preparaba la gran sorpresa de la participación activa y abierta de los homosexuales. Tendrían su propia carroza para el desfile y se les había permitido ubicar una plataforma en una de las principales avenidas de la ciudad con la intención de promocionar su desviación sexual entre niños y adultos por igual.

Por primera vez la Iglesia en Panamá se levantó a pelear y hacer frente por medio de la guerra espiritual intercediendo por esta nación que tanto lo necesita. Fue nuestra primera experiencia, ya que la iglesia para estas fechas acostumbraba a «retirarse» en campamentos, lugares de montaña y playas, para buscar al Señor. Sin saberlo nuestro abandono o retirada de las ciudades dejaba el campo abierto al reino de las tinieblas, sin oposición o resistencia. Todo esto con el conocimiento de que la Biblia nos exhorta a «resistir» al Diablo, a «no dar lugar» al diablo y a «ir», no a huir, en pos de nuestras ciudades y naciones con la luz del evangelio.

En esta ocasión decidimos permanecer en la ciudad, hacer frente al enemigo, confrontar a los poderes espirituales y resistir a las maquinaciones del maligno en nuestra ciudad.

La gloria del Señor se manifestó cada día desde el inicio del congreso. Con la alabanza y ministración de la palabra de Dios saturamos los aires de la ciudad. Jaime Murrel, nuestro amado compatriota, compartía diariamente la adoración y alabanza con su famoso tema *Te pido la paz para mi ciudad.* Todos los días llenamos el teatro Colón, en una fiesta espiritual que superaba a la que el adversario celebraba por las calles de la ciudad. Por las tardes muchos de los hermanos se lanzaban a las calles a orar y compartir las buenas nuevas del evangelio. La Iglesia también había puesto su plataforma en la avenida España, y desde allí se cantaba y adoraba al Rey de reyes y Señor de señores.

Por las noches nos congregamos en el estadio del colegio de Artes y Oficios, el cual se llenaba de un pueblo que quería aprovechar el derramamiento del Espíritu Santo que soplaba con fuerza. Estábamos perplejos al ver y oír las maravillas de Dios. La última noche tuvimos un clamor de vigilia y oración dirigido por nuestro hermano Héctor Torres y secundado por la hermana Ana Méndez y varios pastores de la ciudad. Nunca habíamos hecho este tipo de intercesión con declaraciones proféticas para la ciudad y para la nación. Oramos en específico contra los enemigos del pueblo de Dios. En un proceso de «oración en unidad» oramos todos juntos declarando las promesas de Dios para su Iglesia, nuestra ciudad y nuestra nación. Cumplíamos en verdad las palabras de Proverbios 24.6: «Porque con ingenio harás la guerra, y en la multitud de consejeros está la victoria».

Fue un tiempo especial en la presencia de Dios. Éramos más de siete mil quinientas personas llenas de fe y de expectativa orando e intercediendo por Panamá y atando todas las maquinaciones y artimañas del adversario. Al día siguiente, el día 25 de febrero, las noticias de los diarios de la ciudad hacían la crítica de que los carnavales nacionales habían sido ¡un fracaso! En la tarima de los homosexuales ocurrió que desde el primer día el Señor confundió su campamento. Se pelearon entre sí y ellos mismos destruyeron su plataforma y cancelaron su participación en el desfile de clausura. ¡Gloria a Dios! Nuestra oposición y resistencia había dado un severo golpe al enemigo. La prensa secular hacía mención notoria de los evangélicos que habían orado en oposición al carnaval.

La Iglesia cristiana panameña está a la expectativa de todo lo que Dios ha comenzado a hacer en nuestro medio. Pastores Unidos por Panamá ha establecido representaciones en todas las provincias de Panamá con el propósito de que esta tierra sea bendecida y alcanzada por nuestro Rey y Señor Jesucristo.

Dios está trabajando en nuestro medio. Está rompiendo moldes, cambiando paradigmas, removiendo predisposiciones mentales y teológicas que en el pasado han impedido el fresco mover del Espíritu. Nuestra nación tiene un «don redentivo». Dios la ha usado para ser un puente comercial y financiero entre las naciones. Creemos que también Dios usará a Panamá como puente de bendición para otras naciones.

Entonces nuestra boca se llenará de risa y nuestra lengua de alabanzas. Entonces dirán entre las naciones: Grandes cosas ha hecho Jehová con Panamá.

# Pasos necesarios para transformar tu comunidad

*Por: Luis F. Orihuela Salcedo*

El reino espiritual, de la misma forma que el reino natural, está sujeto a leyes y principios que son inviolables. Un resumen de estas leyes podría ser así:

- No hay nombre con más autoridad que el de Jesucristo.
- Existen dos reinos; cada persona que existe o ha existido pertenece a uno de ellos.
- Todo pecado tiene consecuencias.
- Un espíritu demoníaco solo puede permanecer en un individuo si es que tiene derecho o «base legal» para hacerlo.
- Jesucristo ha vencido al reino de las tinieblas y nos ha hecho partícipes de su victoria. Su autoridad, delegada a nosotros, nos pone en su mismo plano de victoria.

- Hemos podido verificar que tanto las personas como las ciudades pueden quedar «demonizadas»
- Prefiero utilizar el término «demonizadas» a «endemoniadas» por su exactitud lingüística con el griego por espíritus demoníacos a través de cuatro posibilidades.

## Contaminación por práctica

Los espíritus malignos procuran ejercer su influencia sobre nuestra conducta. Somos tentados constantemente a hacer el mal por la presión del enemigo sobre nuestros pensamientos, actitudes, apetitos y voluntad. Pero notemos que es una influencia y no una causa.

Sin embargo, existe una progresión. Todo lo malo comienza con una influencia. Somos tentados; sentimos deseos de hacer lo malo. Podemos pedir la gracia de Dios y rechazarla o podemos consentir. Si cedemos a la influencia cargamos con «un peso en nuestra voluntad». Será más fácil cometer el mismo pecado en particular la segunda vez. Con cada repetición el pecado se vuelve más fácil conforme comenzamos a adormecer nuestra conciencia. Podemos llegar hasta el punto donde el pecado ya no parece malo. Así es como un asesino a sueldo puede matar a alguien y después ir a disfrutar de una buena comida. Ya no le molesta más.

Si continuamos en la maldad, desarrollamos «hábitos de pecado». Los hábitos pueden ser muy fuertes. Dos errores comunes ocurren en este punto. Primero, llegamos a convencernos de que es algo de naturaleza básica, que es imposible vivir sin esa práctica y que no tiene cura. Si continuamos en el hábito de pecado podemos desarrollar una atadura. Una atadura significa que existe un elemento sobrenatural en nuestro problema. El enemigo tiene ahora un asidero en una función de nuestra personalidad.

Hemos hablado tradicionalmente de una progresión de gente obsesionada y oprimida. Pero yo he dejado de usar estas palabras porque es difícil definir dónde termina una y comienza la otra. La palabra «poseído» no aparece en las Escrituras originales.

## Aplicación a nuestras regiones

Las naciones al igual que las personas tienen prácticas socialmente aceptadas (bajo un concepto cultural-folklórico) que cauterizan la conciencia espiritual de la población. La idolatría, el paganismo, el animismo y la migración cultural rompen los esquemas de santidad que Dios anhela ver en nuestros países. Bolivia es una nación con una gran diversidad cultural. La capital política de nuestra nación es La Paz.

Aproximadamente un tercio del territorio es altiplano, el resto es planicie tropical con una hermosa sección de valles. Resulta interesante que en la parte altiplánica es donde se desarrollaron las culturas más fuertes del continente y su influencia es percibida hasta hoy.

El pueblo andino fue sacudido muchas veces por cambios políticos que afectaron su estabilidad social y religiosa. De cualquier manera ellos aprendieron a adaptarse fácilmente a todos los cambios y así poder conservar elementos de su identidad sin mucha alteración. El predominio Aymara se mantuvo hasta la llegada de los conquistadores.

Los altiplánicos, al ser animistas, han construido una extraña mezcla conceptual en la que se intercalan los valores paganos con los cristiano-católicos. Para entender esto, permítanme describir rápidamente cómo elaboran su mundo (cosmovisión) los aymaras. Los seres humanos viven en este mundo (*aka pacha aym, kay pacha, quechua*). Pero si intentamos precisar qué se entiende como «este mundo», entonces surgen dificultades. Ciertamente están en este mundo todas las personas vivas, los animales y las plantas. Los que viven en este mundo están de forma permanente expuestos a las fuerzas de los otros dos mundos, en parte contrapuestos, en parte complementarios.

Estos son el *alax pacha* (*aym*) o *janaq pacha* (mundo de abajo o de adentro). Ambos mundos están llenos de seres poderosos que influyen sobre todos nosotros, exigiendo nuestra colaboración y a cambio brindándonos sus bienes y poderes o —en caso de no tenerlos en cuenta— enviándonos sus amenazas para que cumplamos con ellos.

Con la llegada del cristianismo estos dos mundos fueron reinterpretados como cielo e infierno. Pero en medio de esa interferencia, la concepción andina sigue siendo distinta a la europea. En la concepción cristiana traída de Europa la oposición entre cielo (arriba) e infierno (abajo) se corresponde con una concepción ética del bien y del mal, de salvación y de condenación. Para la mentalidad andina, sin embargo, este maniqueísmo tiene poco sentido.

Con el tiempo esto generó que gentes de diferentes niveles sociales cumplan con prácticas y ritos de raíces indígenas, tal es el caso de la «challa» práctica dedicada a la Pachamama, las «alacitas»[1] y el sacrificio al «Tío» de la mina, solo por mencionar algunas de ellas. Estos ritos contaminan nuestra nación y nuestro suelo y en gran medida son los causantes de nuestra pobreza.

### Contaminación por herencia

Entendemos por contaminación por herencia cuando una persona expresa comportamientos pecaminosos, frustración frecuente en un área determinada, pérdida de libertad o bloqueo mental por factores externos o una decisión personal. Así como cada hijo manifiesta rasgos genéticos correspondientes a sus padres, muchos demonios pueden ser transmitidos de padres a hijos y problemas o ataduras que expresaban los progenitores pasan a sus descendientes. Hay varias formas en las que se presenta este cuadro.

Es muy clara la enseñanza bíblica y las advertencias: ciertas

---

1. Festividad que se realiza el 24 de enero en la que se compran objetos en miniatura y se dedican a Ekeko, antiguo dios andino de la riqueza y la abundancia.

cabezas de familia, por lo general varones, se han revelado contra Dios (véase Éxodo 20.5). Dada la dureza de los corazones de los antepasados, Dios abandona deliberadamente a los descendientes. El servir a otros dioses negándole a Jehová el amor y la obediencia que su señorío único y absoluto exige, trae varias consecuencias. (véase Éxodo 20.5-6. Deuteronomio 5.10; 18.9-14).

El rechazar a Dios y apartarse de Él para servir a otros dioses, a Satanás o a los espíritus y cometer grandes perversidades trae con frecuencia muchos dolores a tales personas y a sus futuras generaciones.

## Aplicación a nuestras regiones

Es importante conocer la historia de nuestras ciudades para poder encontrar las raíces de iniquidad que operan en ellas. En la ciudad de La Paz los habitantes primitivos adoraban al Illimani como dios tutelar y protector de la región y a una Huaca llamada Choque-Guanca (señor del oro). La región tuvo desde tiempos lejanos fama de poseer inmensas riquezas de ese metal y eso fue precisamente lo que atrajo a los Incas y luego a los conquistadores. Don Francisco Pizarro, descubridor y conquistador de estos reinos, obtuvo gran cantidad de bolsas de pepitas de oro y pidió la inmediata adjudicación de las minas, indicando que «pedía con preferencia cualquiera del Perú», y su solicitud fue otorgada. La región se llamó desde tiempos inmemorables Choque-Apu[2] haciendo referencia a la cantidad de oro que allí existía.

Muchas de las actuales avenidas y calles de la ciudad están trazadas sobre restos precolombinos donde incluso existían edificaciones antiguas. La cuenca de la antigua Chuquiagu Marka, según la relación redactada en 1587 durante la gestión del corregidor Diego Cabeza de Vaca, se hallaba dividida en dos mitades: Hanansaya y Hurinsaya (parcialidades de arriba y abajo igual que en el Cuzco).

---

2.  «Heredad del oro» o «semejante al oro».

Siguiendo esta dualidad andina, gobernaban dos curacas: Quirquin-cha, en la zona de Churupampa, y Otorongo, en el Valle Putu Putu (Miraflores). Los curacas, secundados por ayudantes gobernaban a los Hilacatas, los cuales estaban al mando de un centenar de individuos con asignación de papeles específicos. La ciudad de La Paz estaba habitada por trece «ayllus»[3]. Teniendo en cuenta que el mundo aymara se regía por un calendario lunar, esto era lógico.

Aunque el acta auténtica de la fundación de la ciudad no se encuentra —por el hecho de que el primer corregidor y los flamantes regidores firmaron en un libro provisorio que seguramente fue des-truido—, al copiar con posteridad las actas en un nuevo libro, que es el que se conserva, sabemos por el documento transcrito que el acta de fundación se suscribió el 20 de octubre de 1548 en el templo del pueblo de Laxa por el capitán Alonso de Mendoza, como corregidor de la nueva ciudad, y por los cabildantes Juan de Vargas, Francisco de Barrionuevo, Alonso de Zayasa, Hernando de Vargas, Francisco de Herrera Girón, Diego Alemán, Martín de Olmos y Francisco de Cámara; este último tuvo el oficio de escribano. Se realizó la funda-ción por orden de Pedro de la Gasca, presidente de la audiencia de los reyes, para que en esta ciudad denominada Nuestra Señora de La Paz perviviese el recuerdo de la pacificación del Perú y diera testimo-nio de que «los discordes en concordia, en paz y amor, se juntaron y una nación formaron para perpetua memoria», como reza la divisa de su escudo enviado por el emperador Carlos V a poco tiempo de fundada.

No hubo, desde luego, mucha paz y mucho amor en esta fundación, que traía a la memoria la larga lucha entre las huestes del encomendero de Charcas, don Gonzalo Pizarro, conducidas por Francisco de Carvajal, conocido como «El Demonio de los Andes» y las tropas del rey comandadas estas últimas por el capitán Diego Centeno, uno de los fundadores de Potosí.

---

3. Comunidad familiar indígena.

La pacificación fue obtenida; más por la suerte de las armas siempre favorable a Pizarro, que por la sagacidad del pacificador don Pedro de la Gasca, un astuto presbítero que llegó al Perú investido de las más amplias facultades por la corona de España y que prometió el perdón y olvido para todo rebelde que volviese a enarbolar el pendón real.

Después de la singular batalla de Xavquiaxaguana, en la que no hubo propiamente combate, ya que tanto los capitanes como los soldados de Pizarro desertaban de sus filas y se pasaban a las del rey, el presidente de la Gasca tomó la providencia de fundar una ciudad que, además de recordar esta pacificación, tuviese importancia comercial en el tráfico del Cusco a la Plata debiendo por lo tanto hallarse a medio camino entre estas dos ciudades.

Este es un breve resumen histórico de nuestra ciudad. La consecuencia de estos hechos ha dejado un rasgo de división y de intriga presente en toda la historia colonial y republicana. Nuestro país demoró mucho para poder gozar de una estabilidad política. Estamos seguros de que muchas de todas nuestras dificultades la arrastramos como herencia de nuestros antepasados.

Los españoles llegaron a nuestro país en 1545 primero a la ciudad de Potosí, una ciudad muy conocida por el cerro de plata que enriqueció a España por más de doscientos años. El nivel de esclavitud y explotación que se produjo en este lugar ha dejado huellas difíciles de borrar. Hoy en día aún es casi imposible el poder establecer una iglesia en esa ciudad y todavía más difícil hacerla crecer.

## Contaminación por posesión de objetos

Esta es una de las formas más sutiles de contaminación en la que muchos creyentes son engañados. Y es bueno considerar con sutileza todos estos puntos, no solo para ser cuidadosos con nuestra propia vida, sino también para poder ayudar a otros.

Literalmente, la palabra «anatema» es la transcripción de un vocablo griego que significaba algo erigido (en un templo) o «algo que se coloca en un templo». La palabra, en su raíz hebrea *Herem* (Literalmente «lo consagrado») se refería a lo sustraído de todo empleo humano, y por lo tanto, maldito. En particular, era el botín de guerra que debería ser destruido porque probablemente fue dedicado a un dios pagano.

*Y no traerás cosa abominable a tu casa, para que no seas anatema; del todo la aborrecerás y la abominarás, porque es anatema.*

Deteuronomio 7.26

*Pero vosotros guardaos del anatema; no toquéis, ni toméis alguna cosa del anatema, no sea que hagáis anatema el campamento de Israel, y lo turbéis.*

Josué 6.18

### Aplicación a nuestras regiones

El aparato religioso que sustenta el sincretismo de nuestras culturas se alimentó de dos fuentes. Muchas de las imágenes que llegaron a nuestro país (como a muchos del continente) llegaron desde Europa. Vírgenes y santos alimentaron la creencia popular. En segundo lugar por supuestas «apariciones» o «milagros» que se desarrollaron hasta convertirse en centros idolátricos o columnas de iniquidad.

### Contaminación por trauma

Esta forma de contaminación es quizás una de las menos evidentes. Una definición simple sería la siguiente: La contaminación por trauma se presenta cuando una persona sufre experiencias cercanas a la muerte, violencia sorpresiva o sensaciones extremas de tristeza o abandono que abren puertas para que espíritus inmundos ingresen y lo contaminen. Generalmente es más frecuente en niños pero los adultos no están libres de su contaminación.

En palabras de Don Basham: «Hemos comprobado que los malos espíritus pueden tener acceso a una persona de distintas maneras. La razón puede ser deliberada y reiterada por la indulgencia de apetitos carnales. O una tragedia inesperada o una gran tristeza. Esas son cosas que pueden hacer vulnerable a una persona. En síntesis, cualquier clase de tensión o postración nerviosa que produce lo que podríamos llamar una fisura en las defensas naturales de la persona, brinda una oportunidad a los malos espíritus».[4]

## Aplicación a nuestras regiones

Al igual que una violación sexual puede dejar secuelas a largo plazo sobre la víctima, una nación que ha sufrido una pérdida territorial o ha pasado por la humillación de la derrota guardará en la mente colectiva de la gente una suerte de resentimiento y amargura hacia el agresor. Bolivia ha sido mutilado en guerras injustas con Chile y Paraguay o por medio de convenios de la masonería internacional, con Brasil y Perú. Esto ha provocado frustración, resentimiento y mucho dolor en todo el pueblo.

## Conclusión del análisis

Después de un año de investigación y oración, encontramos en la ciudad de La Paz que:

| *A causa de...* | *Ha provocado...* |
|---|---|
| Sus prácticas pecaminosas. | Ataduras sociales que nos mantienen en la pobreza. |

---

4. Don Basham, *Líbranos del mal.*

| *A causa de...* | *Ha provocado...* |
|---|---|
| La manera en que nuestra historia ha sido escrita, define pactos generacionales y establece ofensas sociales. | Discriminación racial, división entre la gente. También han quedado erigidas columnas de iniquidad desde épocas antiguas hasta hoy. |
| Haber tolerado el culto de dioses extraños y haber dado a demonios la honra que solo Dios merece. | Estar a merced de la voluntad de seres espirituales que buscan constantes ofrendas en lugares establecidos. |
| Haber sido humillados con guerras injustas y perder extensos territorios. | Resentimientos muy fuertes hacia otras naciones. |

## Qué hacer

En el caso concreto de la ciudad de La Paz esta se dividió para su estudio en nueve grandes sectores cada uno formado por muchas zonas. Para poder realizar esto se dependió exclusivamente de la guía del Espíritu Santo. Por lo tanto, no se debe buscar una explicación del porqué los nueve sectores. En primer lugar, para cada sector se buscó a dos responsables o «encargados de sector» en los que Dios hubiera puesto carga al respecto. Estos tenían a su cargo en esencia las siguientes funciones:

- Buscar en oración y ayuno la guía para poder identificar los verdaderos problemas espirituales de la región.
- Orar por las personas de esta región y pedir que el Señor mismo envié coordinadores de intercesión para poder cumplir toda la tarea.
- Investigar toda la información al respecto de las zonas de su sector.

- Visitar los diferentes lugares de su sector y confirmar lo que Dios ya ha mostrado en el tiempo de oración.

También eran necesarios los intercesores. Estos serían levantados por Dios como su numeroso ejército para la toma de las ciudades. Serían hermanos y hermanas de diferentes congregaciones que cumplirían los siguientes objetivos:

- Tener el encargo de Dios para orar por un sector determinado.
- Entender lo que implica la oración intercesora y estar dispuestos a pagar el precio.

En cada sector se investigó:

- La existencia de iglesias, templos y parroquias.
- Algunos datos históricos del sector.
- La ubicación de centros seculares, ocultistas, masónicos, etc.
- Quiénes eran los santos patronales.
- La situación de la Iglesia cristiana en el sector.
- Cada lugar alto que se encontró.
- Los centros de perversión social.

### Diagnóstico de los sectores

En cada uno de los sectores se realizó un resumen como en el ejemplo que sigue.

### Sector 7

En este sector observamos que en el ex-parque zoológico infantil la escultura del Ekeko constituye un lugar ceremonial en el que se practica la challa del 24 de enero.

El dios Tunupa sería el actual Ekeko, que a través de las diferentes épocas fue transformándose; este dios Tunupa constituía un dios de los cerros, y el Ekeko era una divinidad intermediaria que tenía a su cargo la riqueza del subsuelo. De ahí la relación entre el dios Tunupa y el Ekeko. Por otro lado el dios Tunupa representaba la fertilidad y su figura destacaba la simbología fálica. El Ekeko desaparece por mucho tiempo hasta el cerco de 1781 en que surge con la actual figura que conocemos.

La imagen que ahora se venera de la Virgen de la Candelaría, conocida como la de Copacabana exhibe la luna en la parte inferior de su vestimenta y el sol detrás de su cabeza, constituyendo un sustituto de los cultos incaicos que probablemente ha permitido y ha dado autoridad, base legal, para el resurgimiento de todas las costumbres que hoy se han rescatado.

El culto al sol estaba basado en sacrificios de animales y niños inocentes. En la actualidad se practica en esta región el sacrificio de llamas a la tierra *(Pachamama)*. Los ritos que se ejecutaban y se ejecutan ahora en el Titicaca tienen a uno de mayor en rango, el *Inti* (Término indígena para el sol). Si subimos un poco por la avenida Mariscal Santa Cruz nos encontramos con un monumento cuya simbología representa la fecundidad, costumbre traída de los pueblos europeos y de Egipto. Sin embargo, se complementa con el Ekeko que se encuentra en el antiguo parque zoológico, cuyas raíces también están ligadas con el dios Tunupa que también representaba un dios de la fecundidad y de los recursos naturales, para posteriormente representar a la abundancia, es decir, el Ekeko que hoy conocemos.

En los actuales ritos que se practican en Tiwanacu en el solsticio de invierno o año nuevo aymara, se puede observar que el jefe que dirige el evento forma con sus dedos un símbolo de victoria. Cabe mencionar además que la lectura del porvenir en las entrañas del animal sacrificado, es una práctica de los pueblos etruscos que luego pasó al romano. Sin embargo, esta práctica es de los antiguos pueblos del Oriente.

Los dioses, demonios o representaciones de la fertilidad como la del obelisco y Tunupa-Ekeko incitan a las relaciones sexuales indiscriminadas, trayendo como resultado el aborto de niños no deseados y el control de la natalidad. Tal vez esto también explique la gran cantidad de clínicas que existen en toda esta zona, además de la gran cantidad de locales de vida nocturna cómplices de todo lo mencionado. Un centro importante de rebeldía, con ideas trosquistas, comunistas y de ateísmo, que coadyuva en esta labor, es la Universidad Mayor de San Andrés. El comportamiento del joven universitario está regido por sus filosofías, la manera de razonar que se resume en disfrutar de la vida, aunque ahora quizás las luchas por las ideas universitarias han pasado a un segundo plano, para ser reemplazadas por las danzas callejeras, momento propicio para hacerse acompañar por bebidas alcohólicas, así ser presa del dios Tunupa.

El rito a Santa Bárbara estaría orientado al sacrificio de personas jóvenes que mediante el alcoholismo, la droga, prostitución y suicidio pondrían en vigencia el sacrificio de sangre (tirarse del puente de Las Américas) como en el tiempo del indio Inca en el que se sacrificaban mujeres vírgenes y quizás varones.

El triángulo se cierra con el culto a la Inmaculada Concepción, que tiene altar y centro de adoración en el Montículo. Este ha sido traído y replicado de la aparición de Fátima en Lourdes, y de la creencia general en que esta virgen emitió una serie de profecías para el mundo que hasta ahora se han escondido. Quizás su función es la adivinación, si tomamos en cuenta que otrora, en lo que hoy conocemos como la serranía del Laikakota, existía la costumbre de reunirse entre brujos y adivinos al borde de la desaparecida laguna. Es posible que esta sea la razón por la que la feria de alasitas haya sido trasladada justo al centro de estas dos imágenes. En esta feria se efectúan prácticas de suerte y adivinación.

## SECTOR 7

| PRINCIPADO | FORTALEZA | GOBERNADORES |
|---|---|---|
| Santa Bárbara | María | Aborto |
| | Gruta de Lourdes | Adivinación |
| | | Idolatría |
| | | Violencia y muerte |
| | | Espiritismo |
| | | Alcoholismo juvenil |

### Nueva Era y masonería

A partir de lo anterior, el mapa final de la ciudad identificó:

1. Trece[5] «fortalezas»[6] espirituales y estaban distribuidas en toda la ciudad. Algunas de estas fortalezas eran indígenas, otras mestizas y extranjeras.

2. El centro de Gobierno (en el centro de la ciudad) esta formado por un perfecto cuadrado geográfico[7] en cuyos vértices está la representación de la Candelaria.[8]

3. Todas las fortalezas indígenas se ubicaron en las alturas, y en determinados días ofrecían sus ofrendas a los «achachilas», espíritus tutelares de la ciudad.

4. Otra región identificada era la de Santa Bárbara, caracterizada por el sacrificio de gente joven.

---

5. El número trece es la representación del calendario aymara. El año lunar es básico para el cultivo y las celebraciones indígenas.

6. Algunas de las fortalezas estaban ubicadas en lugares altos, otras tenían características sincréticas pagano-religiosas y otras, como el puente de Las Américas, eran lugares de sacrificio.

7. Es interesante hacer notar que el cuatro es un número muy significativo en el contexto aymara. Ellos dividen el mundo en cuatro partes.

8. Curiosamente esta imagen tiene una presencia evidente en la política de la nación.

### Estrategia que se siguió a partir de lo encontrado

Para poder tomar nuestras ciudades para Él, Dios mostró que la unidad de la Iglesia era un requisito esencial. «Operación Kairos» es el nombre con el que identificamos a todo este proceso de transformar a nuestras comunidades.

Los pasos que se siguieron fueron:

1. Se formaron equipos interdenominacionales para tener representación de toda la Iglesia.

2. Cada sector debió tener intercesores con la orientación de que empezaran a orar hasta el momento de la conquista.

3. Kairos empezó con una declaración de guerra con todo los sectores (en el seminario) donde se ató a los príncipes de la región, logrando de esta manera que ellos no obstaculizaran el trabajo.

4. Reuniones sectorizadas transmitieron la visión de cada sector con claridad.

5. Se tuvieron reuniones periódicas de oración hasta que Dios mostró las estrategias para cada sector.

Es importante hacer notar que ningún sector dio un paso sin coordinar su trabajo con los demás.

6. Se levantaron centros permanentes de oración en cada uno de los nueve sectores.

7. Se tomaron todas las fortalezas el día previsto después de un largo tiempo de oración y ayuno.

8. Se salió de madrugada a orar por toda la ciudad. Calle por calle y plaza por plaza.

9. Se ungieron lugares específicos que el Señor mostró.

### Botín de guerra

Ha pasado un año desde que empezamos este trabajo. Los frutos son hermosos y muchos, permítanme con brevedad narrar algunos.

**Sector 1.** Al estar ubicado en este sector el centro de Gobierno de la nación y haber orado y cubierto esta zona, hemos podido cosechar:

- La promulgación de la Ley Seca en toda nuestra ciudad a pesar de haber sido una ley muy discutida. La oposición fue tenaz, pero hubo victoria. Se han cerrado muchos centros de expendio de bebidas alcohólicas y las horas de su consumo están restringidas.
- La presencia cada vez más fuerte de creyentes en las instancias gubernamentales.

**Sector 2.** Sector con predominio de demonios nativos y aymaras. Fuerte ingrediente de alcoholismo (el más alto de la ciudad de La Paz) y una abundancia de brujos y yatiris altiplánicos. Los frutos encontrados:

- Reducción de pandillas.
- Incremento de predicación en las calles.

**Sector 3.** Sector comercial de la ciudad con gran flujo de dinero, en muchos casos ilegal. Presencia de locura, insensibilidad, droga, alcoholismo, aborto, religiosidad, idolatría, mentira, robo, depresión, muerte, asesinato, violación, confusión, brujería, fetichismo, lascivia e inmoralidad. Gran cantidad de yatiris, kallawayas y chamanes. Cambios en la zona:

- Al día siguiente de haber orado en este lugar se procedió a una severa inspección por parte del Gobierno sobre los muchos negocios que evaden impuestos, varios de ellos fueron clausurados o multados.
- Una notable fiesta que tradicionalmente se origina en una de las zonas de este sector es la «Entrada del Gran Poder» celebración donde el consumo de alcohol y la gran participa-

ción de la gente le dan un realce importante. Este año la fiesta no se realizó en la fecha prevista.[9] La imagen de Jesús del Gran Poder (patrono de la fiesta) no fue sacada de su templo como todos los años. Muchas comparsas se negaron a participar, se prohibió el consumo de alcohol y se les negó a los participantes el ingreso por la ruta tradicional.

**Sector 4**. El sector norte de la ciudad no es mejor que los otros. Hay presencia de borrachera, promiscuidad, pobreza, pandillas, alcoholismo, droga, sexo, brujería, contiendas, robo, asesinato, violación, mucho dolor, idolatría y abuso sexual. Los frutos del sector son:

- Una gran extensión de este sector es el llamado «bosquecillo», espacio verde con gran cantidad de árboles. En este lugar por muchos años se han encontrado cadáveres y todo tipo de cosas.
- En el centro del «bosquecillo» se instalaron brujos y adivinos, que construyeron sus viviendas ilegalmente. Poco después de haber rodeado en oración todo el área, el gobierno municipal ingresó con equipos pesados al sitio y derrumbó todas las edificaciones clandestinas. Encontraron allí varios restos humanos.
- Una de las fiestas anuales de la zona literalmente ha fracasado en su convocatoria.

**Sector 5**. Sector de la muerte. Quizás esta definición podría definir muy bien todos los aspectos que determinan la presencia espiritual de esta región. La cantidad de prostíbulos y centros de perversión sexual han tipificado a algunas zonas de este sector como zonas rojas.

---

9. El terremoto que se produjo en Cochabamba y que causó la muerte de cerca de cien personas enlutó al país. Se presentó entonces la disyuntiva de seguir o no con la fiesta. Se prosiguió con la celebración casi un mes después.

- Después de haber orado por muchos lugares de este sector, se ha percibido un despertar espiritual. Congregaciones cercanas han empezado a incrementar su número de asistentes.
- Pandillas y grupos juveniles que daban muchos dolores de cabeza, han desaparecido.

**Sector 6**. Uno de los lugares altos de La Paz se encuentra en pleno centro de la ciudad. Es centro de invocaciones, y la presencia de demonios aymaras, los cuales habitan en las alturas, es muy fuerte. Quizás este es uno de los sectores donde menos impacto hemos tenido. Sabemos que hay aún por hacer.

- Los brujos de este lugar alto en gran medida han desaparecido. Los días de ofrenda se han visto carentes del brillo que antes tenían.

**Sector 7**. Atraviesa el centro mismo de la ciudad. Las victorias que hemos tenido son:

- La presencia cristiana en la más importante universidad estatal del país es creciente. La FUL (centro estudiantil), que por años ha sido un baluarte comunista, tiene por primera vez líderes con bases cristianas.

**Sector 8**. Este amplio sector con más de cincuenta y dos zonas se caracteriza por tener presencia de dos elementos espirituales concretos: el primero es un demonio totalmente ajeno a nuestro medio, el otro es que posee rasgos que son de influencia Thunupa. Todo esto hace que el trabajo sea muy complejo a nivel de la guerra espiritual.

La presencia de demonios extranjeros trae ciertas prácticas o potestades que no son propias de la región andina: satanismo o zoofilia, por dar un ejemplo. Los poderes militares están justo dentro de esta área, que corresponde a San Miguel (el nombre es por un príncipe guerrero) y por ello hay matices de violencia muy característicos. Los frutos que hemos podido percibir son:

- Por muchos años se realizaron actos vandálicos, cometidos en el anonimato por estudiantes de ciertos colegios extranjeros bajo el nombre de «cacería de carroña». Por primera vez salieron a la luz todos estos hechos, quedando al descubierto hijos de personalidades políticas y aun de embajadores.
- Muchas «licoreras»[10] fueron cerradas.
- Hay interés del Gobierno por investigar la presencia de grupos satánicos, que se generaron años atrás en estas zonas.
- Celebraciones con invocaciones animistas que incluso convocaron años atrás a personalidades de alto rango para «la fiesta de la cruz» (mayo 2), no se realizaron por dos años consecutivos.

**Sector 9**. Es un sector aymara en gran proporción, por lo que la presencia de Thunupa es fuerte. Por otro lado estas zonas están formadas por gente de clase media baja en una proporción de por lo menos 45 por ciento. Alta presencia también de grupos mestizos y por consiguiente una tendencia al sincretismo religioso muy fuerte. Sector conocido por la cantidad de brujos y yatiris. Tan fuerte era su influencia, que gente de todas las zonas acudía a ese lugar (Pampahasi) para diversos trabajos. El Señor nos permitió ver los siguientes frutos:

- La cantidad de brujos ha disminuido drásticamente. Nuestros intercesores llegaron a hablar con uno de ellos que expresó lo siguiente: «Desde que ustedes han venido a "rezar" a este lugar, ya nada nos funciona. Apenas hemos quedado tres de tantos que éramos...»

---

10. Negocios que venden bebidas alcohólicas las 24 horas del día.

- Los pastores que tenían sus iglesias en el sector han empezado a experimentar un despertar de unidad que nunca habían tenido. Se reúnen semanalmente para orar y hasta organizaron una Marcha para Jesús, donde más de quince congregaciones participaron.

En el capítulo siete de este libro el autor relata el fruto de nuestras oraciones en las ciudades de La Paz y Potosí. Creemos que Dios ha comenzado a transformar nuestra nación y veremos cumplida su palabra: *Bolivia, pequeña y despreciada entre las naciones, pero grande y amada en mi corazón.*

# Vistiéndonos con la armadura de Dios

*Por lo demás, hermanos míos, fortaleceos en el Señor, y en el poder de su fuerza. Vestíos de toda la armadura de Dios, para que podáis estar firmes contra las asechanzas del diablo ... Por tanto, tomad toda la armadura de Dios, para que podáis resistir en el día malo, y habiendo acabado todo, estar firmes.*

Efesios 6.10-11; 13

Creo vitalmente importante el concluir este libro con este capítulo. A través de los años me he encontrado con numerosas situaciones en las cuales individuos con buenas intenciones se propusieron entrar en guerra espiritual a un nivel al que Dios no los había llamado. Muchos de ellos habían logrado cierta medida de conocimiento sobre el tema y se consideraron sabios a sus propios ojos. Todos los conceptos de guerra espiritual deben ser sometidos a las autoridades espirituales que Dios ha puesto en nuestras vidas. Agradezco al doctor C. Peter Wagner por haberme enseñado este importante concepto.

El libro de Proverbios contiene maravillosos consejos respecto a la guerra espiritual.

*Los pensamientos con el consejo se ordenan; Y con dirección sabia se hace la guerra.*

Proverbios 20.18

*Porque con ingenio harás la guerra, Y en la multitud de consejeros está la victoria.*

Proverbios 24.6

*Mejor es la sabiduría que las armas de guerra; pero un pecador destruye mucho bien.*

Eclesiastés 9.18

Antes de lanzarnos a militar contra las huestes del mal es necesario examinar nuestras propias vidas y poner en orden aquellos aspectos que no están bien con Dios.

Toda guerra deja heridos a su paso. No hay batallas sin víctimas ni vencedores. La responsabilidad de los oficiales es reducir el número de víctimas entre sus tropas y en especial la de los comandantes. Nos podemos poner toda la armadura de Dios mas si tu corazón no está bien detrás de la armadura, esto ofrece una brecha al adversario.

El Cuerpo de Cristo no ha llegado a un conocimiento claro de lo que es la santidad. Ella mantiene nuestra protección. La armadura de Dios tiene una garantía de un solo día. Tenemos que revestirnos con ella diariamente.

Los teólogos hacen en su teología reformada el énfasis en la santidad de Dios. Esto es muy bueno pero no es suficiente. Necesitamos saber acerca de la santidad a la que el cristiano ha sido llamado. Es necesario tener una percepción clara y precisa sobre la santidad.

*¿Quién es sabio y entendido entre vosotros? Muestre por la buena conducta sus obras en sabia mansedumbre. Pero si tenéis celos amargos y contención en vuestro corazón, no os jactéis, ni mintáis contra la verdad; porque esta sabiduría no es la que desciende de lo alto, sino terrenal, animal,*

*diabólica. Porque donde hay celos y contención, allí hay perturbación y toda obra perversa. Pero la sabiduría que es de lo alto es primeramente pura, después pacífica, amable, benigna, llena de misericordia y de buenos frutos, sin incertidumbre ni hipocresía. Y el fruto de justicia se siembra en paz para aquellos que hacen paz. ¿De dónde vienen las guerras y los pleitos entre vosotros? ¿No es de vuestras pasiones, las cuales combaten en vuestros miembros? Codiciáis, y no tenéis; matáis y ardéis de envidia, y no podéis alcanzar; combatís y lucháis, pero no tenéis lo que deseáis, porque no pedís. Pedís, y no recibís, porque pedís mal, para gastar en vuestros deleites. ¡Oh almas adúlteras! ¿No sabéis que la amistad del mundo es enemistad contra Dios? Cualquiera, pues, que quiera ser amigo del mundo, se constituye enemigo de Dios. ¿O pensáis que la Escritura dice en vano: El Espíritu que él ha hecho morar en nosotros nos anhela celosamente? Pero él da mayor gracia. Por esto dice: Dios resiste a los soberbios, y da gracia a los humildes. Someteos pues, a Dios; resistid al diablo, y huirá de vosotros. Acercaos a Dios, y el se acercará a vosotros. Pecadores, limpiad las manos; y vosotros los de doble ánimo, purificad vuestros corazones.*

Santiago 3.13-4.8

En estas Escrituras hallamos cuatro verbos activos. Lo que somos llamados a hacer.

1. Someteos(Nuestra relación con Dios).

2. Acercaos (Nuestra relación con Dios).

3. Limpiad (Comportamiento en las relaciones con otros; algo externo).

4. Purificad (Comportamiento en nuestro andar; algo interno).

¿Hacemos esto en nuestro tiempo de oración? Sí, en parte. ¿Hacemos esto en nuestro tiempo de congregarnos? Sí, en parte. Mas esto no es suficiente. Adán y Eva estaban en la presencia de Dios diariamente. ¿Por qué cayeron? Porque no se mantuvieron en la instrucción de Dios. El primer paso es la fe; mas esto no es suficiente. Nuestro comportamiento refleja nuestro tipo de fe.

Martín Lutero no podía aceptar el libro de Santiago y lo llamaba un libro de paja. No concebía su contraste con el mensaje de Pablo un mensaje centrado en la gracia y no en las obras.

Hoy en día nos hallamos con una generación de hombres muy peculiar. Una generación independiente y autónoma que tiene dificultades para someterse a las autoridades superiores. Uno de cada cuatro creyentes rehúsa creer en la verdad «absoluta» de la Biblia. Aunque la obediencia no sea de gran importancia para esta generación sí lo es para Dios.

Santidad significa «hageos», del griego *separado*. ¿De qué? No solamente de qué sino por qué. Para Dios. Todo texto en la Biblia que habla de santidad habla de patrones de conducta a seguir.

> *Vestíos, pues, como escogidos de Dios, santos y amados, de entrañable misericordia, de benignidad, de humildad, de mansedumbre, de paciencia; soportándoos unos a otros, y perdonándoos unos a otros si alguno tuviera queja contra otro. De la manera que Cristo os perdonó, así también hacedlo vosotros. Y sobre todas estas cosas vestíos de amor, que es el vínculo perfecto. Y la paz de Dios gobierne en vuestros corazones, a la que asimismo fuisteis llamados en un solo cuerpo; y sed agradecidos. La palabra de Cristo more en abundancia en vosotros, enseñándoos y exhortándoos unos a otros en toda sabiduría, cantando con gracia en vuestros corazones al Señor con salmos e himnos y cánticos espirituales. Y todo lo que hacéis, sea de palabra o de hecho, hacedlo todo en el nombre del Señor Jesús, dando gracias a Dios Padre por medio de él.*
>
> Colosenses 3.12-17

Los versículos del cinco al once nos indican doce cosas que debemos hacer y doce cosas que debemos evitar para vivir en santidad. En 1 Juan 2.3 nos encontramos con la declaración de «en esto sabemos que nosotros le conocemos». ¿Obedezco a Dios? Al desobedecerle plantamos desastrosos resultados: iglesias disfuncionales.

Nuestra obediencia al Espíritu Santo conduce a la santidad. Él vino para traer convicción. Entonces, nos preguntamos: ¿Podemos verdaderamente vivir una vida de santidad? Yo creo que sí aunque no lo suficiente. De hecho tenemos un mandamiento a ser santos, así como nuestro Padre es santo. En 1 Juan 3.6 vemos que el pecado no es parte de nuestro diario vivir. No debe ser parte de nuestra vida cotidiana. Asimismo 1 Juan 1.8 nos indica que todos pecamos diariamente. ¿Cuál es nuestra alternativa? ¿Qué podemos hacer? ¿Acaso debemos vivir con esos pecados? No. Dios nos instruye a resistirlos, mas cuando caemos, Él es justo y fiel de perdonarnos todos aquellos pecados y limpiarnos de toda iniquidad.

Entonces nuestro andar diario debe ser el de tratar de vivir sin pecado día a día. ¿Acaso podemos vivir un día sin pecar? Los que apresuradamente dicen ¡no!, tienen una teología reformada. Muchos piensan que no pueden hacerlo y como consecuencia se rinden al yugo del pecado y se justifican exclusivamente en la gracia y la misericordia de Dios.

Yo creo que podemos vivir sin pecado al menos temporalmente. Jesús nos dejó un patrón de oración. Debemos clamar cada día al Padre pidiéndole perdón por los pecados y ofensas cometidos el día anterior. «Padre, perdónanos nuestras ofensas ...y no nos dejes caer en tentación, mas líbranos de todo mal». Comenzamos dándole al Señor loor y honra. Clamamos para que el mandato de Dios de establecer su reino aquí en la tierra se haga una realidad. Clamamos por nuestras necesidades y pedimos perdón por nuestras ofensas.

Dios demanda mucho más de sus líderes y pastores que de sus ovejas. Jesucristo dijo que al que mucho le es dado mucho se requiere de él.

*Hermanos míos, no os hagáis maestros muchos de vosotros, sabiendo que recibiremos mayor condenación.*

Santiago 3.1

La Biblia Plenitud comenta en sus notas sobre «Dinámica del Reino» acerca de los rasgos del líder, diciendo: «A los líderes se les juzga con una norma más alta que a aquellos que lo siguen... a los líderes del reino se les juzga no tanto por lo que logran llevar a cabo como por el carácter que revelan. Es decir, de acuerdo a lo que son y no a lo que hacen. Esta alta norma se aplica no tanto a los logros del líder como a la condición de su corazón y su espíritu».[1]

> *Porque todos ofendemos muchas veces. Si alguno no ofende en palabra,*
> *éste es varón perfecto, capaz también de refrenar todo el cuerpo.*
>
> Santiago 3.2

La Biblia Plenitud hablando sobre integridad y moralidad, dice: «El carácter y el reino. El privilegio de llegar a ser un representante autorizado y poderoso del reino de Dios para ministrar la vida de Cristo y los dones del Espíritu Santo a otros, no forma parte de la herencia de quien no vive en santidad... La santidad del corazón y de la vida mantiene expeditas las líneas de comunicación con Dios y aleja de nosotros cualquier agenda privada o carnal. También aseguran el libre acceso del Espíritu Santo para la distribución de sus dones y el cumplimiento de la voluntad del Padre en cualquier situación».[2]

En el Nuevo Testamento no hallamos muchos requisitos para la membresía de la Iglesia. La Iglesia de Corinto estaba llena de pecado; mas el Señor solo recomendó la excomunión a uno. Sin embargo, siempre que hallamos un patrón o nivel de vida en el Nuevo Testamento, casi sin excepción es para sus líderes.

> *Porque aunque de nada tengo mala conciencia, no por eso estoy*
> *justificado; pero el que me juzga es el Señor ... Sed imitadores de mi, así*
> *como yo de Cristo.*
>
> 1 Corintios 4.4; 11.1

---

1. Op. cit. p. 1648.
2. *Ibid.*, p. 1484.

El apóstol Pablo se examina y se halla limpio de conciencia mas no se justifica ante el hombre sino ante Dios. «Sed imitadores de mí» ¿Podemos como el apóstol abrir nuestras vidas para que sean examinadas? ¿Podemos ser en verdad transparentes y abiertos?

Los discípulos le dijeron a Jesús: Muéstranos al Padre y el Señor les respondió: Si me veis a mí habéis visto al Padre.

Si no podemos decir «imítame a mí» no debemos estar en una posición de liderazgo.

> *Y no participéis en las obras infructuosas de las tinieblas, sino más bien reprendedlas.*
>
> Efesios 5.11

## Cuatro principios no negociables de la santidad

1. Asegúrate de una relación correcta con Dios. ¿Has experimentado un nuevo nacimiento? ¿Tienes comunión diaria con Dios?

2. Confiesa diariamente todos tus pecados. Permite que el Espíritu Santo te traiga convicción cada día.

3. Busca sanidad para patrones de pecado y la influencia de tus enemigos: la carne, el mundo y el diablo.

No estamos exentos de la influencia de los demonios cuyas principales víctimas son los pastores y líderes. La hermana Doris Wagner tiene un ministerio de liberación y la mayoría de su clientela son pastores. Si en tu vida hay un pecado persistente seguramente es algo de naturaleza espiritual y necesitas de ayuda.

4. Permite que otros lean tu barómetro espiritual. No podemos vivir en un vacío. Es necesario que estemos dispuestos a ser responsables y sujetos al escrutinio de nuestras vidas. Puede ser por parte de un amigo o de un compañero de oración. Por escrito y verbalmente debemos darle libertad a Dios para que les revele a estas personas quiénes somos en realidad, y que el discernimiento del Espíritu Santo les revele aspectos de nuestra vida que debemos rendir al Señor.

*Crea en mí, oh Dios, un corazón limpio, Y renueva un espíritu recto dentro de mí.*

Salmo 51.10

*Lámpara de Jehová es el espíritu del hombre, La cual escudriña lo más profundo del corazón.*

Proverbios 20.27

*Con qué limpiará el joven su camino? Con guardar tu palabra.*

Salmo 119.9

*En mi corazón he guardado tus dichos, Para no pecar contra ti.*

Salmo 119.11